BEI GRIN MACHT SIC WISSEN BEZAHLT

- Wir veröffentlichen Ihre Hausarbeit, Bachelor- und Masterarbeit

- Ihr eigenes eBook und Buch - weltweit in allen wichtigen Shops

- Verdienen Sie an jedem Verkauf

Jetzt bei www.GRIN.com hochladen und kostenlos publizieren

Daniel Szameitat

Praktische ASP.NET Forms, MVC, Web API & SignalR Sicherheitstipps

Sicherheitsanalyse von Microsoft Komponenten

GRIN Verlag

Bibliografische Information der Deutschen Nationalbibliothek:

Die Deutsche Bibliothek verzeichnet diese Publikation in der Deutschen National-
bibliografie; detaillierte bibliografische Daten sind im Internet über http://dnb.d-
nb.de/ abrufbar.

Impressum:

Copyright © 2014 GRIN Verlag, Open Publishing GmbH
Druck und Bindung: Books on Demand GmbH, Norderstedt Germany
ISBN: 978-3-656-60051-0

Dieses Buch bei GRIN:

http://www.grin.com/de/e-book/269004/praktische-asp-net-forms-mvc-web-api-
signalr-sicherheitstipps

Praktische ASP.NET Forms, MVC, Web API & SignalR Sicherheitstipps

Studienarbeit

von

Daniel Szameitat

HTW Aalen

Hochschule für Technik und Wirtschaft

UNIVERSITY OF APPLIED SCIENCES

Kurzfassung

Diese Arbeit betrachtet die Web-Komponenten: Asp.net Forms, MVC, SignalR und Web Api unter sicherheitskritischen Aspekten. Dabei werden zwei Ziele verfolgt: Zum einen sollen Verbesserungspotential und Sicherheitslücken aufgezeigt werden, und zum anderen soll der Leser in die Lage versetzt werden, seine Asp.net Anwendungen zu härten. Die Strukturierung der Arbeit orientiert sich an dem Aufbau des .Net Frameworks. Deswegen ist die Arbeit in zwei Abschnitte unterteilt. Der erste Abschnitt beschäftigt sich mit dem Asp.net Forms Framework. Dabei werden auch die grundlegenden Elemente im .Net Framework betrachtet. Der zweite Teil geht dann auf MVC, SignalR und die Web Api ein. Allerdings werden dort nur ergänzende Aspekte betrachtet. Der Grund ist, dass alle Technologien im Kern dieselben Komponenten des .Net Framework verwenden, welche schon im ersten Teil analysiert wurden. Der Leser erhält so einen umfassenden Einblick in die Sicherheitstechnologien von Microsoft und lernt sie praktisch zu nutzen. Da gerade der Praxisbezug bei dieser Arbeit im Vordergrund stand, sind alle Aussagen mit Beispielen und Schaubildern belegt.

Inhaltsverzeichnis

Abbildungsverzeichnis

Alle Bilder und Screenshots die nicht explizit mit Quellenangaben versehen sind wurden im Rahmen dieser Arbeit vom Autor erstellt.

Tabellenverzeichnis

1 Einführung

Dieses Dokument bietet eine praktische Einführung in das sichere Erstellen von Websites mit ASP.NET. Die im Folgenden vorgestellten Einstellungen und Snippets wurden mit der Version 4.0 vom DotNet Framework getestet.

1.1 Sicherheitsupdates

Zuerst ist es wichtig je eine aktuelle Version vom IIS und DotNet Frameworks mit Sicherheitsupdates zu installieren. Sie verhindern zum Beispiel Angriffe auf die vom DotNet Framework verwendete Verschlüsselung.

Ein solcher Angriff ist zum Beispiel der 2010 gefundene „Padding oracle" Angriff[1]. Dieser ist in der Lage, Dateien vom Server herunterzuladen. Betroffen sind DotNet Versionen bis 4.0 auf Betriebssystemen bis Windows 7[2].

Beim DotNet Framework reicht nicht allein das Installieren der neusten Version. Es muss geprüft werden, ob der verwendete Anwendungspool auch die aktuelle DotNet Version verwendet.

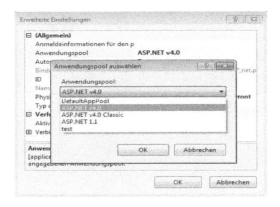

---

[1]http://www.skullsecurity.org/blog/2013/padding-oracle-attacks-in-depth
[2]http://technet.microsoft.com/en-ca/security/Bulletin/MS10-070

1

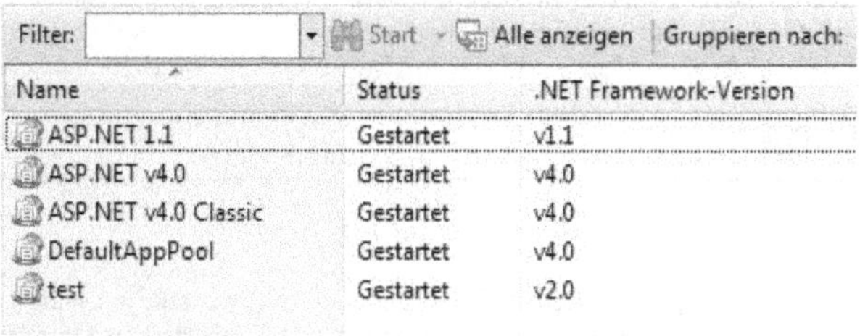

Filter:		▼ 🔍 Start ▾ 🔄 Alle anzeigen	Gruppieren nach:
Name	Status	.NET Framework-Version
🖼 ASP.NET 1.1	Gestartet	v1.1
🖼 ASP.NET v4.0	Gestartet	v4.0
🖼 ASP.NET v4.0 Classic	Gestartet	v4.0
🖼 DefaultAppPool	Gestartet	v4.0
🖼 test	Gestartet	v2.0

Figure 1: DotNet Konfiguration im IIS

2 Allgemeines

Neuere Versionen von Asp.Net unterstützen „precompilation". Dabei wird die Website erstellt, bevor ein User diese aufruft. Dies war früher anders, was zu längeren Wartezeiten beim ersten Aufruf geführt hat. Ändert sich der Quellcode einer Page, so muss die gesamte Applikation neu erstellt werden, beim „precompilation" nur die geänderte Page. Dies hat Auswirkungen auf viele Sicherheitseinstellungen, da diese oft tief in der Applikation verankert sind. Deswegen kann es passieren, dass einige Einstellungen nicht in der Produktivumgebung greifen, da nur eine Page geändert wurde. Es ist empfehlenswert, nach dem Ändern von sicherheitskritischen Einstellungen die gesamte Applikation neu zu compilieren.

Ist eine Website fertig für den produktiven Einsatz, sollten die Ordner nicht manuell kopiert werden, sondern über die Veröffentlichungsfunktion von Visual Studio deployed werden. Dies verhindert, dass unnötige Dateien auf den Server geladen werden. Das Deployen der Website sollte im Release Modus geschehen, da der Compiler dadurch Optimierungen in Bereichen wie Geschwindigkeit und Sicherheit vornehmen kann. Der Entwickler kann auch selbst für weitere Optimierungen sorgen, indem unnötige oder unfertige Funktionen nicht in das Release der Website gelangen.

```
#if DEBUG
  ...
#else
  ...
#endif
```

unnötigen Code verstecken

Zusätzlich unterstützt auch die web.config die Trennung zwischen Debug und Release. Dieses Feature sollte auch genutzt werden.

Figure 2: web.config

2.1 Injektion

Eine der größten Gefahren für Websites sind Codeinjektions. Bei einem solchen Vorgang sind alle Schichten betroffen, die Code zur Laufzeit interpretieren, zum Beispiel: JavaScript, SQL, HTML... . Aufgrund der breiten Angriffsfläche und der enormen Verbreitung stuft die OWASP Injektionen als die größte Bedrohung für Websites ein. Ist ein Injektionsangriff erfolgreich, können die Auswirkungen von leicht bis schwer variieren. Deswegen ist es wichtig diese Art von Angriffen beim Design der Anwendung zu berücksichtigen. In ASP.NET wurde dies sogar schon noch früher gemacht, nämlich beim Design des DotNet Frameworks.

2.1.1 Request Validation Mode

Ruft ein User eine Website im Browser auf, kann er als Ziel eine ASP.NET Page wählen. Standardmäßig ist für alle Eingaben, die im Kontext dieser Page laufen, eine automatische „requestValidation" eingeschaltet. Diese filtert zum Beispiel gefährliche Zeichen wie den Anfang eines HTML Tags „<" heraus und verursacht stattdessen eine Fehlermeldung.

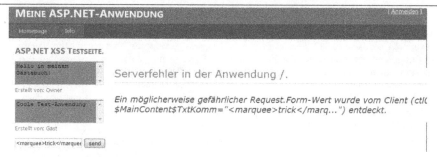

Figure 3: ValidateRequest

Dieser Grundschutz sollte möglichst aktiviert bleiben. In seltenen Fällen kann es sein, dass man diesen ausschalten muss, um zum Beispiel das Posten von HTML-Code zu erlauben. In diesem Fall sollte das Deaktivieren lokal in der Page-Direktive passieren und nicht global in der web.config.

```
ValidateRequest="false"
```

Deaktivieren von Page Validation

Wenn möglich sollte die Validierung aber aktiv sein und nur sehr gezielt ausgeschaltet werden. Dies ist möglich mit Hilfe des „ValidateInput"-Tags.

```
[AllowHtml]
[HttpPost]
[ValidateInput(false)]
```

Deaktivieren der Validierung für eine bestimmte Methode[3].

Grundsätzlich sollte die Fehlermeldung, die das „requestValidation" auswirft, vor dem Anwender versteckt werden. Dies kann über das allgemeine Fehlerhandling in der web.config passieren, oder aber explizit im Code-Behind.

```
public override void ProcessRequest(HttpContext context)
    {
        try
        {
            base.ProcessRequest(context);
        }
        catch (HttpRequestValidationException ex)
        {
            context.Response.Redirect("HandleValidationError.aspx");
        }
```

---

[3]http://msdn.microsoft.com/en-us/library/hh882339.aspx

```
                    }
```

Abfangen von Sicherheitsfehlern

Durch das Erstellen eines zusätzlichen Sicherheitslayers zwischen der Pageklasse des
Frameworks und der „*.aspx" Webpage kann anwendungsweit ein einheitliches Verhalten
implementiert werden.

Controls, deren ID mit „_" beginnen, wie zum Beispiel der ViewState, werden nicht validiert.

Trotz des guten Schutzes durch die „requestValidation" hat ein Angreifer die Möglichkeit einen
erfolgreichen XSS Angriff durchzuführen. Dies ist dann der Fall, wenn er seine Eingabe
ebenfalls kodiert. So würde der Filter bei diesem URL Parameter: „&two=<b>" erkennen, dass
Code eingeschleust wird. Auch wenn dieser Parameter kodiert wird „&two=%3Cb%3E", erkennt
der Filter den Angriff. Kodiert der Angreifer den Parameter doppelt „&two=%253Cb%253E", so
wird der Angriff nicht mehr erkannt. Im Code-Behind wird aus der kodierten Zeichenkette
wieder der ursprüngliche Schadcode „<b>".

```
                    Server.UrlDecode(Request["two"])
```

Double Encoding Angriffe

Der Fehler liegt darin, dass die obige Codezeile ein double Decode macht. Das „Request" Objekt
decodiert die URL Parameter automatisch. Die Methode „UrlDecode" wiederholt den Vorgang
erneut und ermöglicht damit den XSS Angriff.

2.1.2   AntiXss

Da Page Validation in einigen Fällen zu aggressiv ist und deswegen ausgeschaltet wird, greift
noch ein weiteres Features um speziell Cross-Site-Scripting zu verhindern. Microsoft hat die
meisten seiner Standard ASP.NET Controls mit HTML-Encoding ausgestattet. Das heißt, alle
nicht alphanumerischen Zeichen werden als Sonderzeichen behandelt und durch einen speziellen
Ausdruck ersetzt. So wird zum Beispiel ein „ä" durch „ä" repräsentiert. Eine List aller
Platzhalter ist im HTML Standard definiert[4]. Dieses Feature lässt sich nicht ausschalten und sorgt
dafür, dass der Client keine Eingaben semantisch interpretiert.

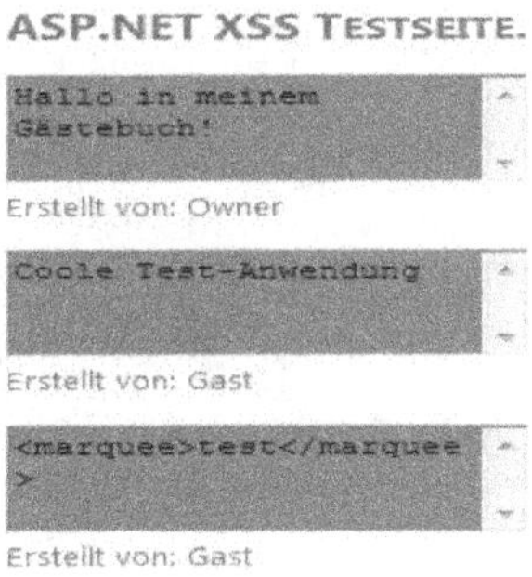

Figure 4: Beispiel AntiXss im Textbox Control

---

[4]http://www.ascii.cl/htmlcodes.htm

5

Problematisch ist, dass nicht alle Controls und alle Properties diese Eigenschaft enthalten. So kann zum Beispiel das Literal Control dazu genutzt werden um dynamisch HTML Code in eine Page einzubetten. Dies wird möglich, weil das Literal Control kein Encoding vornimmt.

```
this.txtOnline.Text = "Online: ";
this.txtOnline.Text += string.Join(", ", (
                    from MembershipUser x in
                    Membership.GetAllUsers()
                    where x.IsOnline
                    select new StringBuilder("<a href='pchat.aspx?one=")
                        .Append(Server.UrlEncode(x.UserName))
                        .Append("&two=")
                        .Append(Server.UrlEncode(Context.User.Identity.Name))
                        .Append("'>")
                        .Append(Server.HtmlEncode(x.UserName))
                        .Append("</a>").ToString())
                        );
```

Erstellung einer Leiste mit den aktiven Users und Links mittels des Literal Controls

Deswegen kann der Entwickler sich nicht blind auf die Sicherheit der Controls verlassen, sondern muss prüfen, ob das Encoding funktioniert. Eine Liste mit allen Properties, die das Encoding unterstützen, findet sich hier[5]. Ebenfalls muss dem Entwickler bewusst sein, dass die Daten ohne Kodierung im Code-Behind übergeben werden. So kann folgende Zeile schnell sicherheitskritisch werden:

```
falsch:
        public void btnSend_Click(object sender, EventArgs e)
        {
                Context.Response.Redirect(
                    new StringBuilder("default.aspx?ID=")
                        .Append(this.TxtKomm.Text).ToString()
                        );
        }
```

```
richtig:
        public void btnSend_Click(object sender, EventArgs e)
        {
                Context.Response.Redirect(
                    new StringBuilder("default.aspx?ID=")
                        .Append(Server.HtmlEncode(this.TxtKomm.Text)).ToString()
                        );
        }
```

Wie das obige Beispiel zeigt, bietet das DotNet Framework Methoden zum manuellen Kodieren von Zeichenketten. Diese befinden sich in der Klasse „Server". Die von Server gestellten Methoden zum Kodieren sind die gleichen, welche durch die „requestValidation" von Controls aufgerufen werden. Besonders beim DataBinding ist Vorsicht geboten. Denn auch dort müssen die Eingaben codiert werden, wenn das Control diese nicht selbst macht. Im folgenden Beispiel

---

[5] http://www.google.de/url?sa=t&rct=j&q=&esrc=s&frm=1&source=web&cd=1&cad=rja&ved=0CC8QFjAA&url=
http%3A%2F%2Fblogs.msdn.com%2Fcfs-filesystemfile.ashx%2F__key%2Fcommunityserver-components-
postattachments%2F00-08-91-89-
96%2Fasp.net_5F00_control_5F00_encoding.htm&ei=X2hSUsHuC6an0AXrloH4Bw&usg=AFQjCNGWzt8K6
itxpl9of3_8QKB-tY2vlw

werden vier Informationen automatisch gebunden. Eine dieser Informationen kann erfolgreich für einen XSS Angriff genutzt werden.

```
<asp:Repeater ID="rpData" runat="server" EnableViewState="true">
    <ItemTemplate>
        <asp:TextBox ID="tbKommentar" runat="server" Text='<%# Eval("Text")%>'      1
                     ReadOnly="true" Height="50px" Width="60%" BackColor="Gray"
                     TextMode="MultiLine" Wrap="true" BorderColor="White"
                     CssClass="RoundedCornerTextBox"></asp:TextBox>
        <MyCon:ProfilImage ID="Image1" EnableViewState="true" runat="server"
                     Owner='<%# Eval("Autor")%>' />                                  2
        <asp:Label ID="lblEditorA" runat="server" Text='Erstellt von: '></asp:Label>
        <asp:Label ID="lblEditor" runat="server"
                Text='<%# Eval("Autor") %>'></asp:Label>                             3
        <asp:Label ID="Label1" runat="server" Text=' für '></asp:Label>
        <asp:Label ID="Label2" runat="server"
                Text='<%# Eval("Roles")%>'></asp:Label></br>                         4
    </ItemTemplate>
</asp:Repeater>
```

Richtig:
```
<asp:Label ID="lblEditor" runat="server"

        Text='<%# Server.HtmlEncode(Eval("Autor").ToString()) %>'></asp:Label>
```
XSS beim Databinding

1 Da die Textbox ihre Daten kodiert, besteht hier keine Gefahr.

2 Da Custom Controls, wie in diesem Fall, immer ihre Properties kodieren sollten, besteht hier auch keine Gefahr.

3 Da das Label die Daten im Klartext verschickt, besteht hier die Möglichkeit einen XSS Angriff zu versuchen.

4 Hier besteht keine Gefahr, da der Benutzer keinen Einfluss auf den Wert hat.

Will man die Sicherheit noch weiter erhöhen, kann man den Microsoft AntiXSS-Encoder verwenden. Herunterladen lässt dieser sich auf der Microsoft Website[6]. Nach dem Installieren muss der Namespace und die DLL noch in das Projekt hinzugefügt werden. Danach können die Encoder der AntiXss Library verwendet werden. Damit auch die Controls den Encoder verwenden, muss die web.config wie folgt angepasst werden:

```
<httpRuntime encoderType=
    "Microsoft.Security.Application.AntiXssEncoder, AntiXssLibrary"/>
```
Microsoft AntiXss Encoder

In Projekten mit älteren Versionen des DotNet Frameworks(unter 4.0) sollte immer die AntiXSS Library verwendet werden, da die Server Klasse nicht alle kritischen Zeichen behandelt[7].

In seltenen Fällen kann es vorkommen, dass das Verhalten des automatischen Encodings angepasst werden muss, da es zu aggressiv ist. Das kann erreicht werden, indem man eine neue Methode für das Encoding in der web.config festlegt.

```
<httpRuntime encoderType="HtmlAttributeEncodingNot"/>
```

---

[6]http://www.microsoft.com/en-us/download/details.aspx?id=28589
[7]http://caught-in-a-web.blogspot.de/2007/01/httputilityhtmlencode-and-server.html

```
public class HtmlAttributeEncodingNot : System.Web.Util.HttpEncoder
{
    protected override void HtmlAttributeEncode(string value,
                                        System.IO.TextWriter output)
    {
        output.Write(value);
    }
}
```
Custom HttpEncoder

2.1.3   Validator Controls

Eine sehr gute Möglichkeit Injektionangriffe auszuschließen, ist das Verwenden von Validator Controls. Diese prüfen jeweils ein Eingabefeld auf Korrektheit der Werte. Die Prüfung findet dabei auf dem Clienten und auf dem Server statt. Dies hat den Vorteil, dass unter Verwendung von JavaScript falsche Eingaben nicht zum Server geschickt werden. Controls, die eine solche Prüfung durchführen, gibt es einige, eines davon ist der „RegularExpressionValidator".

```
<asp:TextBox ID="TxtKomm" runat="server"></asp:TextBox>
<asp:RegularExpressionValidator
    id="RegularExpressionValidator1"
    runat="server"
    ErrorMessage="RegularExpressionValidator"
    ValidationExpression="^[a-zA-Z'.\s]{1,40}$"
    ControlToValidate="TxtKomm" />
```
Beispiel eines Validator Controls

Beachtet werden muss, dass die serverseitige Validierung im Pageload stattfindet und unter Umständen nicht aufgerufen wird, wenn nur ein Postback erfolgt. Deswegen ist es sinnvoll bei Events die serverseitige Validierung manuell anzustoßen und zu prüfen.

```
public void btnSend_Click(object sender, EventArgs e)
{
    Page.Validate();
    if (Page.IsValid)
    DataSource.Add(
            new NestedClass(this.TxtKomm.Text,
                    Context.User.Identity.Name,
                    (Role)this.ddlRole.SelectedIndex)
            );
}
```
serverseitige Page-Validierung

3 Authentifizierung

Im Normalfall, muss ein Websitebesucher nicht authentifiziert sein. Dies ändert sich, wenn die Website zum Beispiel im Intranet läuft oder schützenswerte Bereiche enthält. Für diese Fälle enthält ASP.NET einige Features, die eine Authentifizierung erlauben. So kann man zum Beispiel einfach im IIS die anonyme Authentifizierung verbieten und in der web.config die Windows- Authentifizierung konfigurieren.

```
<authentication mode="Windows"></authentication>
```
Windows Authentifizierung

Danach kann im Code-Behind die Windows Identity abgefragt werden (siehe „serverseitige Page-Validierung"). Beachtet werden muss, dass bei automatischer Authentifizierung die Digest Authentifizierung im IIS eingestellt wird. Im Unterschied zur Basic Authentifizierung wird dabei nicht das Passwort im Klartext übertragen.

Der wohl häufigste Fall ist es aber, dass die Website sowohl öffentliche als auch private Bereiche enthält. Für diesen Fall ist ein Login erforderlich, welches mit der Authentifizierungsmethode „Forms" konfiguriert wird.

```
<location path="Account">
  <system.web>
    <authorization>
      <allow users="*" />
    </authorization>
  </system.web>
</location>
<authorization>
  <deny users="?" />
  <allow users="*" />
</authorization>
  ...
<authentication mode="Forms">
  <forms loginUrl="~/Account/Login.aspx"
         timeout="2880" >
    <credentials passwordFormat="SHA1">
      <user name="test" password="a94a8fe5ccb19ba61c4c0873d391e987982fbbd3"/>
    </credentials>
  </forms>
</authentication>
```

IIS:

Authentifizierung

Gruppieren nach: Keine Gruppierung ▾

Name	Status	Antworttyp
Anonyme Authentifizierung	Aktiviert	

Das obige Beispiel zeigt eine ASP.NET Forms Authentifizierung. Der Ordner „Login" ist für alle Besucher freigegeben, alle anderen Pages können nur nach der Authentifizierung besucht werden. Problematisch an diesem Beispiel ist, dass der Loginname direkt in der web.config steht. Zwar kann das Passwort, wie im Beispiel gezeigt, durch einen Hashwert geschützt werden, ist allerdings immer noch gefährdet. Der im Beispiel verwendet Hash-Wert kann in weniger als einer Sekunde geknackt werden[8]. Besser ist es die aspnetdb zu verwenden. Dies ist ein vordefiniertes Datenbankschema, welches mit Hilfe des „Aspnet_regsql"[9] Tools auf eine beliebige Datenbank gespielt werden kann. Dieses Schema enthält Tabellen zur Benutzer-, Rechte- und Rollenverwaltung. Um dieses Feature im vollen Umfang nutzen zu können, muss ein Membership- und Role-Provider in der web.config konfiguriert werden.

```
<roleManager enabled="true" defaultProvider="SqlRoleManager"
              cacheRolesInCookie="false" cookieProtection="All"
              cookieTimeout="20">
    <providers>
    <add name="SqlRoleManager" type="System.Web.Security.SqlRoleProvider"
         connectionStringName="SqlRoleManagerConnection" applicationName="XSS" />
    </providers>
</roleManager>

<connectionStrings>
    <add name="SqlRoleManagerConnection"
         connectionString="Data Source=127.0.0.1;Initial Catalog=aspnetdb;Integrated
                           Security=True;">
    </add>
</connectionStrings>

<membership defaultProvider="MySqlMembershipProvider" userIsOnlineTimeWindow="15"
            hashAlgorithmType="SHA1">
    <providers>
    <clear />
    <add name="MySqlMembershipProvider"
         connectionStringName="SqlRoleManagerConnection"
         applicationName="XSS"
         enablePasswordRetrieval="false"
         enablePasswordReset="true"
         requiresQuestionAndAnswer="true"
         requiresUniqueEmail="false"
         passwordFormat="Hashed"
         maxInvalidPasswordAttempts="5"
         passwordAttemptWindow="10"
         type="System.Web.Security.SqlMembershipProvider" />
    </providers>
</membership>

<authentication mode="Forms">
    <forms loginUrl="~/Account/Login.aspx" timeout="2000" cookieless="UseCookies">
    </forms>
</authentication>
```
Einstellungen bei Verwendung von aspnetdb

Im obigen Beispiel sind alle sicherheitsrelevanten Einstellungen rot markiert. Wie man sieht, gibt es davon einige. Wichtig ist zu verstehen, dass die Provider das Sicherheitsgrundgerüst für moderne ASP.NET Anwendungen stellen. Im Folgenden sind wichtigsten Properties mit Beschreibung aufgelistet.

Table 1: sicherheitskritische Attribute

cacheRolesInCookie	Gibt an, dass zuerst das Cookie überprüft wird, bevor mit dem Rollenanbieter die Rollenliste in der Datenquelle überprüft wird, wenn bei der Validierung festgestellt

---

[8]http://www.md5decrypter.co.uk/sha1-decrypt.aspx
[9]%windir%\Microsoft.NET\Framework\{version}\Aspnet_regsql.exe

	wird, dass ein Benutzer über eine bestimmte Rolle verfügt. true , wenn eine Rollennamenliste für den aktuellen Benutzer in einem Cookie zwischengespeichert ist. wird; ansonsten false. Der Standardwert ist false.
cookieProtection	Der Standardwert ist All. Verwendet sowohl Validation als auch Encryption, um die Informationen im Cookie zu schützen.
cookieRequireSSL	Gibt an, ob das Rollennamen-Cookie SSL benötigt, damit es an den Server gesendet werden kann. Die Standardeinstellung ist false.
cookieTimeout	Die Anzahl der Minuten, bevor das Rollennamen-Cookie verfällt. Die Standardeinstellung ist "30" Minuten.
Integrated Security	Übernimmt die Systemeinstellungen zur Authentifizierung bei der Datenbank.
maxInvalidPasswordAttempts	Ruft die Anzahl der zulässigen ungültigen Kennworteingaben und Kennwortantworteingaben ab, bevor der Mitgliedschaftsbenutzer gesperrt wird.
MinRequiredNonAlphanumer icCharacters	Ruft die Mindestanzahl der Sonderzeichen ab, die in einem gültigen Kennwort enthalten sein müssen.
MinRequiredPasswordLength	Ruft die für ein Kennwort erforderliche Mindestlänge ab.
PasswordFormat	Die PasswordFormat-Eigenschaft gibt das Format an, in dem Kennwörter gespeichert werden. Kennwörter können in den Kennwortformaten Clear, Encrypted und Hashed gespeichert werden.
PasswordStrengthRegularExp ression	Ruft den regulären Ausdruck ab, der zum Auswerten eines Kennworts verwendet wird.
PasswordAttemptWindow	Ruft die Anzahl der Minuten ab, in denen eine maximale Anzahl ungültiger Kennworteingaben und Kennwortantworteingaben zulässig ist, bevor der Benutzer gesperrt wird.

Der Wert dieser Properties muss in jedem Sicherheitskonzept einer Website spezifiziert werden. Besetzt man die Werte nicht explizit mit eigenen Werten, greifen die Standardeinstellungen, was zu unerwartetem Verhalten führen kann. Nicht betrachtet wird der Benutzername. Somit ist es dem Entwickler selbst überlassen die Menge der Benutzernamen einzuschränken. Dies kann zum Beispiel durch ein Validation Control geschehen(siehe Validator Controls).

Um die Authentifizierung durchführen zu können, stellt ASP.NET das Login Control zur Verfügung. Dieses implementiert den Loginbereich der Website und bietet ein Event(LoginUser_Authenticate) zum Authentifizieren des Benutzers an.

```
if (Membership.ValidateUser(((Login)(sender)).UserName,((Login)(sender)).Password) &&
    this.txtCaptcha.Text == Session["randomStr"].ToString())
    {
    FormsAuthentication.SetAuthCookie(
                        ((System.Web.UI.WebControls.Login)(sender)).UserName,
                        false);
    e.Authenticated = true;

    ///TODO Aktionen ausführen, zum Beispiel loggen.

    Response.Redirect("../default.aspx");
    } else {
    e.Authenticated = false;
```

```
}
```

Benutzer Authentifizierung mit Membership und Login

Nachdem der Benutzer erkannt wurde, wird er direkt zu einer vordefinierten Page geschickt. Dieses Verhalten verhindert ungewollte Umleitungen. Eine andere Möglichkeit ist, den Benutzer zu der URL zu schicken, die vor dem Login angefordert wurde. Um das zu ermöglichen, merkt sich das Login Control in der URL, woher der Benutzer gekommen ist. Dies kann zu Sicherheitsproblemen innerhalb der Anwendung führen, besonders wenn die „EnableCrossAppRedirects" Eigenschaft aktiviert ist. Aber auch Umleitungen auf beliebige Pages innerhalb des aktuellen Anwendungsverzeichnisses können zu Problemen führen, wie folgende URL verdeutlicht:

```
http://127.0.0.1/Account/Login.aspx?ReturnUrl=%2fquickAccountDelete.aspx%2f
```

Angriff via Umleitung

Deswegen sollte beim Einsatz der folgenden Lösung die Website im Vorfeld auf potentielle Redirect-Angriffe geprüft werden.

```
FormsAuthentication.RedirectFromLoginPage(((Login)(sender)).UserName, false);
```

Weiterleiten von Benutzer innerhalb der Website

Nach dem Konfigurieren der Authentifizierung sind alle Daten geschützt. Allerdings gelten für Daten wie zum Beispiel Bilder oder PDF die gleichen Regeln wie für ASPX Pages. Das heißt, ein eingeloggter Benutzer kann sich alle Dateien direkt im Browser anfordern. Um Bilder und andere statische Daten zu schützen und den direkten Zugriff zu verweigern, können sie in ein spezielles Verzeichnis gelegt werden. Auf die folgenden sechs Verzeichnisse hat der Browser keinen Zugriff:

- App_Code
- App_Data
- App_WebReferences
- App_Browsers
- App_GlobalResources
- App_LocalResources

3.1 SSL

Das Fundament des Sicherheitskonzeptes einer Website ist die Art der Verbindung zwischen Client und Server. Viele Einstellungen, die sicherheitsrelevant sind, können durch das Abhören oder Manipulieren der Verbindung zwischen Server und Client umgangen werden. So können zum Beispiel die Login Informationen abgefangen werden, wenn kein HTTPS verwendet wird.

_EVENTTARGET=&_EVENTARGUMENT=&_VIEWSTATE=%
2FwEPDwULLTEyMDAyNTY1NjUkGAEFHI9fQ29udHJvbHNZXF1aXJIUG9zdEJhY2tLZXlfXxYBBSZjdGwwMCRNRNYWluQ2
9udGVudCRMb2dpbIVzZXIkUmVtZW1iZXI1iZXJNZW5E5OH6XmshWfv6nAtX6zhBH%2FZIHwnh6e2fOXsc4FD%2F%
2B&_EVENTVALIDATION=%
2FwEWBQLx2M39DgLFyvjkDwLQzbOWAgKVu47QDwKnwKnjBYYgyMjZKgrbjGBUxRyOxOccWevWLCg4ucMQ1TtoffFE&
ctl00%24MainContent%24LoginUser%24UserName=test&ctl00%24MainContent%24LoginUser%24Password=test&ctl00%
24MainContent%24LoginUser%24LoginButton=Anmelden

Figure 5: Postback des Login Controls

Die bewährte Art, die Verbindung zu sichern, ist SSL. Dafür wird ein Zertifikat von einer Certificate Authority benötigt. Hat man dieses zur Entwicklungszeit nicht, kann mit Hilfe des IIS ein Test-Zertifikat generiert werden.

Figure 6: Testzertifikat im IIS

Ob SSL verwendet wird, kann der Entwickler leicht mittels des Befehls „Request.IsSecureConnection" prüfen. Für Methoden ist es möglich explizit SSL zu fordern „[RequireHttps]", Für Cookies kann in der web.config SSL gefordert werden.

```
<httpCookies domain="App"
             httpOnlyCookies="true"
             requireSSL="true" />
```
SSL und Cookies

3.2 Web.config

Die sensibelste Datei einer ASP.NET Website ist die web.config. In ihr werden alle globalen Einstellungen der Website gespeichert. Darüber hinaus kann die web.config auch Passwörter und andere kritische Informationen enthalten. Ein Beispiel dafür ist der „ConnectionString". Dieser enthält die Verbindungsdaten zur Datenbank. Deswegen ist es wichtig kritische Informationen in der web.config zu verschlüsseln. Zwar wird die web.config schon durch den IIS geschützt und lässt sich nicht einfach herunterladen oder betrachten, trotzdem kommt es immer wieder vor, dass die web.config einer Website öffentlich wird. So lassen sich mit Google schnell öffentliche Repositorien finden, welche eine Website mit unverschlüsselter web.config enthalten.

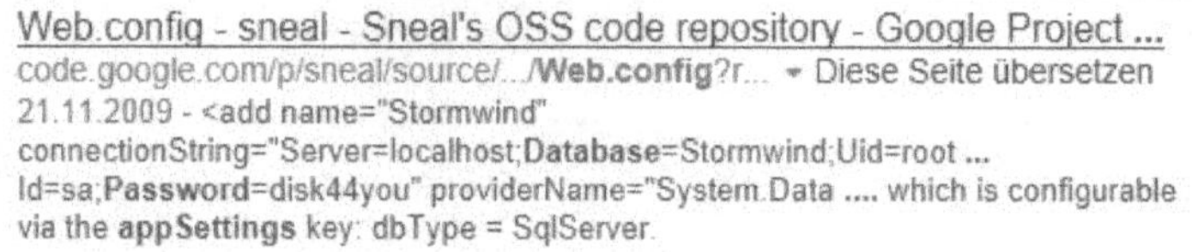

Figure 7: Öffentliche web.config

Um diesen Fehler zu vermeiden kann die ganze web.config oder nur kritische Stellen
verschlüsselt werden. Dies geschieht mit Hilfe des „aspnet.regiis.exe" Tools.

```xml
<configuration>
  <connectionStrings configProtectionProvider="RsaProtectedConfigurationProvider">
    <EncryptedData Type="http://www.w3.org/2001/04/xmlenc#Element"
      xmlns="http://www.w3.org/2001/04/xmlenc#">
      <EncryptionMethod Algorithm="http://www.w3.org/2001/04/xmlenc#tripledes-cbc" />
      <KeyInfo xmlns="http://www.w3.org/2000/09/xmldsig#">
        <EncryptedKey xmlns="http://www.w3.org/2001/04/xmlenc#">
          <EncryptionMethod Algorithm="http://www.w3.org/2001/04/xmlenc#rsa-1_5" />
          <KeyInfo xmlns="http://www.w3.org/2000/09/xmldsig#">
            <KeyName>Rsa Key</KeyName>
          </KeyInfo>
          <CipherData>
            <CipherValue>Uwn8kHXoMRaOaYvP7rax+fQOZ8unIrhpeOIX55gjUmukn7Gx1XhPOIITrlTjG(</CipherValue>
          </CipherData>
        </EncryptedKey>
      </KeyInfo>
      <CipherData>
        <CipherValue>VeLtjXqFxnjaEt66pvNxyJfzi2kyysKl+9GDOVsE5ZzFOc+DeHk9s3MomH3ywU9kJ:</CipherValue>
      </CipherData>
    </EncryptedData>
  </connectionStrings>
```

Figure 8: Verschlüsselter ConnectionString

3.3 ViewState

Da das HTTP-Protokoll ein zustandsloses Protokoll ist, gibt es in ASP.NET den ViewState.
Dieser persistiert den Zustand der ASP.NET Controls, um diesen zu erhalten. Das heißt, dass alle
Eigenschaften und Werte, die kontextspezifisch sind, dort gespeichert werden. Im Normalfall ist
der ViewState nicht verschlüsselt. Das heißt, dass ein Angreifer Einblicke in den Code-Behind
und weitere Informationen erhalten kann. Dies ist unnötig und stellt ein weiteres
Sicherheitsrisiko dar. Deswegen ist es besser den ViewState zu verschlüsseln. Am einfachsten
kann dies im Page-Tag oder applikationsweit in der web.config konfiguriert werden.

```xml
<system.web>
  <pages viewStateEncryptionMode="Always" />
</system.web>
```

```
ViewStateEncryptionMode="Always"
```

ViewState Verschlüsselung

Wie bei SSL kann der Entwickler die Verschlüsselung des ViewState erzwingen, indem er folgende Methode nutzt:

```
                    Page.RegisterRequiresViewStateEncryption();
```
View State Verschlüsselung erzwingen

Zusätzlich zur Verschlüsselung sollte auch ein MAC für den ViewState generiert werden. Dieser fügt dem ViewState ein benutzerspezifisches Merkmal zur Validierung hinzu. Der Anwender kann selbst entscheiden, welches Merkmal dies ist und in der „ViewStateUserKey" Propertie hinterlegen.

```
protected override void OnInit(EventArgs e)
{
    base.OnInit(e);
    this.ViewStateUserKey = Session.SessionID;
}
```

```
                    EnableViewStateMac="True"
```
ViewState MAC Einstellung im Page-Tag

Unverschlüsselter ViewState

Generell ist der ViewState nicht geeignet, um dort Informationen abzuspeichern, welche über den Erhalt des Kontextes hinausgehen. Dies liegt daran, dass der ViewState in einer sehr frühen Phase des Pagelife-Cycle ausgewertet wird und deswegen zum Beispiel von Datenbindungen einfach überschrieben wird. Ein weiteres Argument gegen die übermäßige Verwendung des ViewState ist dessen Größe. Bei großen Websites wächst der ViewState schnell an und kann so groß werden, dass sich dies auf die Ladezeit der Website auswirkt. Deswegen ist es von Vorteil, Verfahren zur Komprimierung des ViewStates einzusetzen[10].

3.4 Cookies & Session

ASP.NET unternimmt viel um die Cookies zu schützen. Viele Einstellungen der Cookies können im Membership- und Role-Provider gesetzt werden(siehe Authentifizierung). Trotzdem ist der ASP.NET Cookie anfällig für Angriffe wie zum Beispiel „Sessionfixsation". Um dies zu ändern, sollte ein Cookie an einen Clienten gebunden werden. Dazu kann man dem Cookies einen eindeutigen Hash-Wert, welcher aus Client spezifischen Informationen berechnet wird, mitgeben. Ruft ein Benutzer eine Page auf, kann diese dann prüfen, ob der Hash-Wert zur Session und zum Benutzer passt. Wird ein Cookie entwendet, kann der Angreifer die Session ID kopieren, allerdings ohne korrekten Hash-Wert wird diese nicht akzeptiert. Der Hash-Wert wird beim Login eines Benutzers im Cookie gespeichert.

Das folgende Beispiel besteht aus zwei Teilen. Als erstes wird der Hash-Wert aus IP, Browser und etwas Geheimen berechnet. Danach wird der Wert für die Verwendung in URLs codiert und in dem Cookie gespeichert. Im zweiten Teil wird der Wert ebenfalls berechnet und mit dem Cookie Wert verglichen. Der zweite Teil muss im Pageload-Event einer Seite ausgeführt werden.

```
StringBuilder antisessionfix =
                new StringBuilder(HttpContext.Current.Request.UserHostAddress)
                .Append(HttpContext.Current.Request.Browser.Browser)
                .Append("Etwas geheimes");
```

---

[10]http://msdn.microsoft.com/en-us/library/ms972976.aspx#viewstate_topic8

```
SHA256 mySHA256 = SHA256Managed.Create();
mySHA256.ComputeHash(new System.Text.ASCIIEncoding()
                    .GetBytes(antisessionfix.ToString()));

Session["AuthToken"] = Server.UrlEncode(new System.Text.ASCIIEncoding()
                    .GetString(mySHA256.Hash));

Response.Cookies.Add(new HttpCookie("AuthToken", Session["AuthToken"].ToString()));
```
```
StringBuilder antisessionfix =
                new StringBuilder(HttpContext.Current.Request.UserHostAddress)
                    .Append(HttpContext.Current.Request.Browser.Browser)
                    .Append("Etwas geheimes");
SHA256 mySHA256 = SHA256Managed.Create();
mySHA256.ComputeHash(new System.Text.ASCIIEncoding()
                    .GetBytes(antisessionfix.ToString()));

if (Session["AuthToken"] != null &&
Server.UrlDecode(Request.Cookies["AuthToken"].Value).Equals(
                    new System.Text.ASCIIEncoding()
                        .GetString(mySHA256.Hash)
                    )
)
        {
            ///TODO Events, DataBinding, so on...
        }
        else
        {
            Session.Abandon();
            FormsAuthentication.SignOut();
            Response.Redirect("default.aspx");
        }
```

Cookie Schutz

Analysiert man die so geschützten Cookies mit einem Tool wie zum Beispiel dem OWASP ZAP
Scanner, erhält man folgende Hinweise.

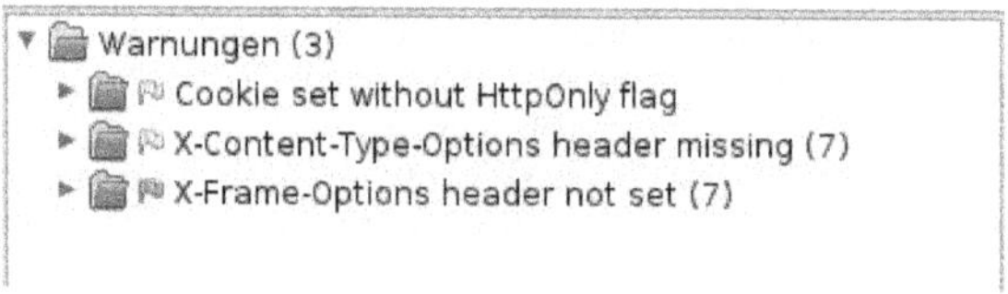

Figure 9: OWASP ZAP Warnungen

Als erstes wird darauf hingewiesen, dass es ein Cookie gibt ohne HttpOnly Schutz. Das kommt
daher, dass alle manuell erstellten Cookies keinen HttpOnly Schutz haben. Dies kann aber mit
Hilfe der „HttpOnly"- Eigenschaft der HttpCookie Klasse gesetzt werden. Dies sollte - wenn
möglich - immer der Fall sein. Bei allen automatisch generierten Cookies, wie zum Beispiel bei
der Session, ist der Schutz aktiviert. Die zweite Warnung besagt, dass ein weiteres
Sicherheitsfeature(nosniff) nicht aktiviert ist. Das nosniff-Flag sorgt dafür, dass zum Beispiel
eine Textdatei nicht interpretiert wird. Ohne das Feature kann HTML Code in einer Textdatei
erkannt und ausgeführt werden. Auch die dritte Warnung weist auf eine potentielle Gefahr hin,

und zwar, dass keine Limitierung bei der Ausführung von Frames innerhalb einer Page stattfindet. Um die Warnungen zu vermeiden und die Sicherheit zu erhöhen, können die Einstellungen auf folgende Art geändert werden.

```
void Application_BeginRequest(object sender, EventArgs e)
{
    this.Response.Headers["X-CONTENT-TYPE-OPTIONS"] = "NOSNIFF";
    this.Response.Headers["X-FRAME-OPTIONS"] = "DENY";
}
```

Header Härtung

3.4.1 Cookieless

ASP.NET bietet für die meisten Funktionen eine cookieless Session an. Dabei werden verschiedene Informationen, die zum Erhalt der Session nötig sind, in der URL gespeichert. Microsoft selbst sagt dazu:

„Note It is not possible to secure authentication tickets contained in URLs. When security is paramount, you should use cookies to store authentication tickets. "

Quelle: http://msdn.microsoft.com/en-us/library/ff647070.aspx#pagexplained0002_cookielessforms

Generell stellt sich also die Frage, ob man alle Funktionen anbieten möchte ohne Cookies zu verwenden. Unachtsame Benutzer könnten ihre URL selbst weiter schicken und so die Session ID verraten. Entsprechende Beispiele lassen sich mit Google finden.

Figure 10: cookieless SessionIDs bei Google

Generell sollte der Entwickler darauf achten, alle Codeteile, die Cookies benötigen, auf unerwartete Fehler zu checken. So löst zum Beispiel der folgende Befehl einen Fehler aus, wenn Cookies deaktiviert werden.

```
                      Request.Cookies["AuthToken"].Value
```

Um Fehler im Vorfeld zu vermeiden, sollte man sparsam mit direkten Zugriffen auf die Cookies umgehen. Besser ist es hier zum Beispiel, die obige Zeile wie folgt zu ersetzten:

```
                 <sessionState cookieless="AutoDetect" />
                         Session["AuthToken"]
```

Zu beachten ist hier, dass sich die Browser unterschiedlich verhalten können, nicht alle Fehler treten auch im Internet Explorer auf.

3.5 Bilder & CAPTCHA

Eine Sicherheitsmaßnahme, auf die man heute kaum noch verzichten kann, ist ein CAPTACHA(Completely Automated Public Turing test to tell Computers and Humans Apart).

Dieses ist eine Zeichenkette, welche als Bild gespeichert und in die Website geladen wird. Die Zeichen der Zeichenkette werden zufällig gewählt. Der Benutzer muss dann die Zeichen richtig in ein Feld abschreiben und damit zeigen, dass es kein Bot ist. Denn dies ist eine der Fähigkeiten, die Bot nicht besitzt. Lässt man das CAPTCHA zum Beispiel beim Registrieren weg, riskiert man, dass ein Bot automatisch eine Vielzahl von Accounts anlegt. Im Extremfall kann dies zum Lahmlegen der Website führen. In ASP.NET gibt es kein fertiges CAPTCHA Control. Dies kann aber leicht selbst erstellt werden.

```
protected void Page_Load(object sender, EventArgs e)
{
    Bitmap objBMP = new System.Drawing.Bitmap(60, 20);
    Graphics objGraphics = System.Drawing.Graphics.FromImage(objBMP);
    objGraphics.Clear(Color.Green);
    objGraphics.TextRenderingHint = TextRenderingHint.AntiAlias;
    //' Configure font to use for text
    Font objFont = new Font("Arial", 8, FontStyle.Bold);
    string randomStr = "";
    int[] myIntArray = new int[5];
    int x;
    //That is to create the random # and add it to our string
    Random autoRand = new Random();
    for (x = 0; x < 5; x++)
    {
        myIntArray[x] = System.Convert.ToInt32(autoRand.Next(0, 9));
        randomStr += (myIntArray[x].ToString());
    }
    //This is to add the string to session cookie, to be compared later
    Session.Add("randomStr", randomStr);
    //' Write out the text
    objGraphics.DrawString(randomStr, objFont, Brushes.White, 3, 3);
    //' Set the content type and return the image
    Response.ContentType = "image/GIF";
    objBMP.Save(Response.OutputStream, ImageFormat.Gif);
    objFont.Dispose();
    objGraphics.Dispose();
    objBMP.Dispose();
}
```

CAPTCHA in ASP.NET

Das obige Beispiel generiert eine Bitmap und speichert diese im „Response.OutputStream" einer Page. Dadurch kann die Page wie ein Bild verwendet werden. Gleichzeit wird der generierte Code in der Session gespeichert.

```
<asp:Image ID="imgCaptcha" ImageUrl="Captcha.aspx" runat="server" />
```
```
if(this.txtCaptcha.Text != Session["randomStr"].ToString()) {///TODO}
```

Ein positiver Nebeneffekt des CAPATCHA ist, dass kein Bild gespeichert wird und somit auch keine Informationen über die Ordnerstrukturen auf dem Server nach außen gelangen. Generell ist es sinnvoll, sowenig Informationen wie möglich preiszugeben. Für Bilder kann man dies realisieren, indem man nicht die Bilder direkt in die Page einbindet, sondern dies über ein Thumbnail macht.

```
public class ProfilImage : System.Web.UI.WebControls.Image
    {
```

```csharp
public ProfilImage()
{
    this.Width = 50;
    this.Height = 50;
}

private string gd;

protected override void OnPreRender(EventArgs e)
{
    base.OnPreRender(e);
    if (File.Exists(MapPathSecure(this.ImageUrl)))
    {
        if (!File.Exists(MapPathSecure(this.gd)))
        {
            using (System.Drawing.Image img =
                            Image.FromFile(MapPathSecure(this.ImageUrl)))
            {
                img.GetThumbnailImage(50, 50, null, IntPtr.Zero)
                    .Save(MapPathSecure(this.gd));
            }
        }
        this.ImageUrl = this.gd;
    }
}

private string owner;

[Bindable(true), Category("Behavior"),
 Description("Findet das Bild für einen User.")]
public string Owner
{
    get
    {
        return owner;
    }
    set
    {
        byte[] b = SHA1Managed.Create()
                        .ComputeHash(new System.Text.ASCIIEncoding()
                        .GetBytes(
                            new StringBuilder(value)
                            .Append("Etwas geheimes").ToString()
                        ));
        this.gd = new StringBuilder("~/thumb/")
                        .Append(Convert.ToBase64String(b).Replace("/", ""))
                        .Append(".jpg").ToString();
        this.ImageUrl = new StringBuilder("~/Bilder/")
                        .Append(owner = value)
                        .Append(".jpg").ToString();
    }
}
}
```

Thumnail Beispiel

Das gezeigte Control für Thumnails generiert ein Profilbild, indem es einen Username übergeben bekommt. Daraus wird ein Hash-Wert erstellt und ein neues Bild generiert und in einen anderen Ordner gespeichert. Die Vorteile sind:

- dass das kleinere Bild an den Client geschickt wird und somit weniger Daten übertragen werden müssen.

- ,der Bilderordner sowie das originale Bild wird nicht herausgegeben wird und

- aufgrund der Bildbezeichnung keine Rückschlüsse auf andere Bilder gemacht werden können.

3.6 Upload

Seit Beginn des Web 2.0 kommen vielen Websites nicht mehr ohne einen Upload-Bereich aus. Da diese Funktion sehr sicherheitskritisch ist, wird sie hier gesondert behandelt. Das Kritische daran ist, dass der User Dateien auf dem Server speichert, ohne dass man prüfen kann, ob diese gut oder böse sind. Ist der Benutzer zum Beispiel in der Lage eine „*.aspx" Datei hochzuladen, kann er versuchen beliebige Aktionen auf dem Server durchzuführen. Aber auch andere Dateien können Schaden anrichten. Zum Beispiel könnte die web.config gezielt überschrieben werden. Um einen Dateiupload-Bereich zu sichern, müssen verschiedene Kriterien einer Datei überprüft werden:

- Größe

- Format

- Uploader

Um dies möglichst einfach zu halten gibt es in ASP.NET ein Upload Control.

```
<asp:FileUpload ID="fuBild" runat="server" /><br />
<asp:Button runat="server" ID="btnBild" Text="Upload"OnClick="btnBild_Click"/>
<br />
<asp:Label runat="server" ID="lblBild" Text="Upload status: verfügbar" />
<asp:RequiredFieldValidator ID="rfvBild" ErrorMessage="Feld ist leer"
                        ControlToValidate="fuBild" runat="server" />
```

ASP.NET Upload Control

Im Code-Behind können dann die Parameter der hochzuladenden Datei geprüft werden. Damit das Speichern der Daten funktioniert, muss der ASP.NET Prozess Schreibrechte im Ordner besitzen.

```
    protected void btnBild_Click(object sender, EventArgs e)
    {
        if (this.fuBild.HasFile)
        {
1           if (this.fuBild.PostedFile.ContentType == "image/pjpeg" ||
                this.fuBild.PostedFile.ContentType == "image/jpeg")
            {
2               if (this.fuBild.PostedFile.ContentLength < 102400)
                {
3                   this.fuBild.SaveAs(Server.MapPath("~/Bilder/") +
                            Context.User.Identity.Name +
                            ".jpg");

                    byte[] b = SHA1Managed.Create()
```

```
                    .ComputeHash(new System.Text.ASCIIEncoding()
                    .GetBytes(
                        new StringBuilder(Context.User.Identity.Name)
                        .Append("Etwas geheimes").ToString()
                    )));
4               try
                {
                    using (System.Drawing.Image img =
                    Image.FromFile(MapPathSecure(Server.MapPath("~/Bilder/") +
                    Context.User.Identity.Name + ".jpg"))
                        )
                    {
                        this.lblBild.Text = "Upload status: File uploaded!";
                        File.Delete(Server.MapPath(
                            new StringBuilder("~/thumb/")
                            .Append(
                                Convert.ToBase64String(b).Replace("/", "")
                                )
                            .Append(".jpg").ToString()
                                )
                            );
                    }

                } catch{
                    this.lblBild.Text =
                        "Upload status: Only valide JPEG files are accepted!";
                    File.Delete(
                        MapPathSecure(
                            Server.MapPath("~/Bilder/") +
                            Context.User.Identity.Name +
                            ".jpg" )
                        );
                }
            }
            else
        this.lblBild.Text = "Upload status: The file has to be less than 100 kb!";
            }
            else
            this.lblBild.Text = "Upload status: Only JPEG files are accepted!";
        }
    }
```

ASP.NET Upload Code-Behind

1 Hier wird die Information über das Dateiformat geprüft, welches der Browser angibt. Dieses muss nicht das wirkliche Dateiformat sein. Wird eine Textdatei mit der Endung „.jpg" hochgeladen, besteht diese den Test und wird gespeichert. Dies kann zu Sicherheitsproblemen führen. Außerdem sind die Informationen nicht einheitlich. Wie im Beispiel zu sehen, wird auch auf das Format „*.pjpeg" geprüft. Dieses wird nur vom Internet Explorer erkannt und gesendet. Möglich ist dies, weil der Internet Explorer sich bei der Bestimmung des Formates nicht auf die Endung einer Datei verlässt.

2 Prüfung der Größe einer Datei. Beachtet werden muss, dass es kein einheitliches Größenformat in ASP.NET gibt. An dieser Stelle wird die Angabe in Byte erwartet.

3 Um ein ungewünschtes Verhalten zu vermeiden, ist es gut die Dateien umzubenennen vor dem Speichern.

4 Da die bisherige Prüfung des Formates nur clientseitig erfolgt ist, sollte auf dem Server geprüft werden, ob die Datei das richtige Format enthält. Bei einem Bild kann versucht werden die Datei mit der Image Klasse zu öffnen. Schlägt dies fehlt, so ist die Datei unbrauchbar.

Generell gilt: Alle Pfadangaben in der Website sollten relativ sein. Das Mapping der Pfade übernimmt die Methode „Server.MapPath()".

Um Dateien hochzuladen, die größer als 4MB sind, müssen die „maxRequestLength"- und „executionTimeout" Eigenschaften in der web.config angepasst werden. Je größer die Dateien sind, desto höher ist die Gefahr, dass ein Angreifer den Server mit sehr vielen großen Anfragen lahmlegen kann.

```
<httpRuntime executionTimeout="110"  maxRequestLength="4096"  />
```

3.7 Fehlerbehandlung

ASP.NET bietet dem Entwickler gute Möglichkeiten Fehler zu analysieren. So zeigen die üblichen Fehlermeldungen alle relevanten Informationen vom Stacktrace bis zum beschreibenden Text.

Da diese Informationen aber auch für Angreifer wertvolle Informationen enthalten, sollte auf Fehlermeldungen reagiert werden. Generell gilt, dass die Website nie in einen undefinierten Zustand geraten sollte. Dies kann in ASP.NET einfach über die web.config realisiert werden. Die folgende Zeile zeigt eine alternative Error-Page an.

```
<customErrors mode="On" redirectMode="ResponseRewrite" defaultRedirect="~/error.aspx">
</customErrors>
```

Oft reicht das schon aus um die Informationen vor unbefugten zu schützen. Leider wird dies nicht immer beachtet wie das Bild aus einer Bonner U-Bahn zeigt.

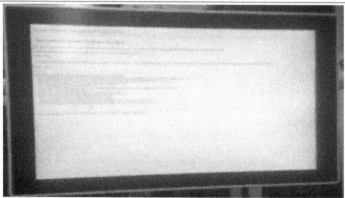

© Daniel Szameitat

Figure 11: ASP.NET Fehlermeldung

Um mehr Kontrolle über das Fehlerhandling zu erhalten, erlaubt ASP.NET unterschiedliches Verhalten in Abhängigkeit vom aufgetretenen Fehler. So kann für jeden Fehlercode, den der IIS wirft, eine eigene Errorpage erstellt werden.

```
<customErrors mode="RemoteOnly" defaultRedirect="ErrorPage.htm">
        <error statusCode="403" redirect="NoAccess.htm" />
        <error statusCode="404" redirect="FileNotFound.htm" />
</customErrors>
```

ASP.NET Errorhandling 2

Welche „statusCodes"[11] es gibt, kann man sich im IIS anzeigen lassen.

Fehlerseiten

Verwenden Sie dieses Feature zum Konfigurieren von HTTP-Fehlerantworten. Bei den Fehlerantworten kann es sich um benutzerdefinierte Fehlerseiten oder um detaillierte Fehlermeldungen mit Informationen zur Problembehandlung handeln.

Gruppieren nach: Typ

Statuscode	Pfad	Typ	Eintragstyp
Datei			
401	%SystemDrive%\i...	Datei	Geerbt
403	%SystemDrive%\i...	Datei	Geerbt
404	%SystemDrive%\i...	Datei	Geerbt
405	%SystemDrive%\i...	Datei	Geerbt
406	%SystemDrive%\i...	Datei	Geerbt
412	%SystemDrive%\i...	Datei	Geerbt
500	%SystemDrive%\i...	Datei	Geerbt
501	%SystemDrive%\i...	Datei	Geerbt
502	%SystemDrive%\i...	Datei	Geerbt

Figure 12: IIS statusCodes

Wie wichtig es ist die Fehlermeldungen für Angreifer zu unterdrücken, zeigt folgendes Szenario: Ein Angreifen könnte den Server mit einer Vielzahl von HTTP Anfragen bombardieren. Währenddessen schickt er eine einzelne Authentifizierungs-Anfrage an den IIS. Aufgrund der vielen Anfragen wird der IIS nicht sofort antworten können, braucht der IIS zu lange zum Antworten wird beim Validieren des Benutzers eine Fehlermeldung geworfen.

Serverfehler in der Anwendung /.

Der Wartevorgang wurde abgebrochen

Beschreibung: Unbehandelte Ausnahme beim Ausführen der aktuellen Webanforderung. Überprüfen Sie die Stapelüberwachung, um weitere Informationen über diesen Fehler anzuzeigen und festzustellen, wo der Fehler im Code verursacht wurde.

Ausnahmedetails: System.ComponentModel.Win32Exception: Der Wartevorgang wurde abgebrochen

Quellfehler:

```
Zeile 35:        if (!Page.IsValid) Response.Redirect("../default.aspx");
Zeile 36:
Zeile 37:        if (Membership.ValidateUser(((System.Web.UI.WebControls.Login)(sender)).UserName, ((System.Web.UI.WebControls.Login)
Zeile 38:            && this.txtCaptcha.Text == Session["randomStr"].ToString())
Zeile 39:        {
```

Figure 13: Fehlermeldung beim DDOS Angriff

Die Fehlermeldung enthält exakt die Stelle Source Code, welche für die Authentifizierung zuständig ist.

Zusätzlich sollte man unerwartet Fehler direkt im Quellcode abfangen. In C# gibt es dafür die Operatoren „try" und „catch".

---

[11] http://support.microsoft.com/kb/943891

```
try
{
    ProcessString(s);
}

catch (Exception e)
{
    Console.WriteLine("{0} Exception caught.", e);
}
```

C# Fehlerfangen

Wichtig ist dabei aber, dass keine Fehler weggefangen werden. Das heißt, der Fehler muss im „catch"-Bereich dokumentiert oder geloggt werden.

Reichen die Informationen nicht aus, besteht noch die Möglichkeit in die Logs der IIS oder des OS zu schauen. (siehe Logging)

3.8 Logging

Eine wichtige Funktion einer Website ist das Logging. Sie erlaubt es die Website zu Monitoren. Dabei geht es nicht nur um das Aufzeichnen von Fehlern, die während des Produktiveinsatzes passieren, sondern auch um Performance, Sicherheit und Statistiken. Entscheidend für die Sicherheit ist, dass der Administrator einer Website die Logs überblicken und verstehen kann.

Das Logging von ASP.NET ist sehr ausgeprägt. Alle Ereignisse werden im Windows Eventlog gespeichert. Ein Beispiel ist das Login Control, dieses erstellt einen ausführlichen Log Eintrag für einzelne Benutzeraktionen.

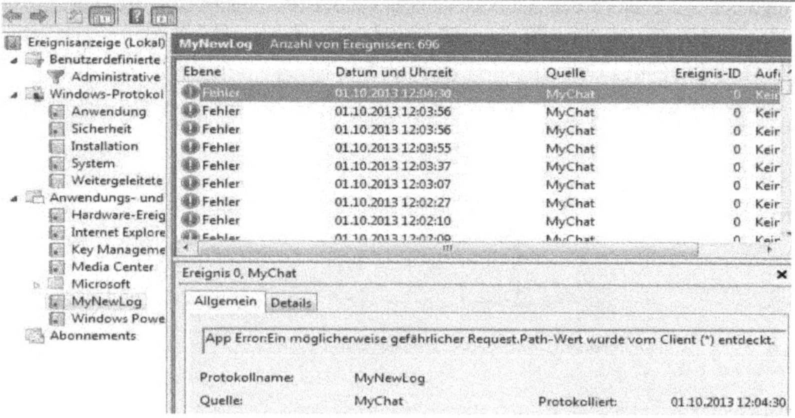

Figure 14: Beispiel Logeintrag in der Ereignisanzeige

Dadurch, dass ASP.NET die Logs in der Windows Verwaltung speichert, kann der Administrator für verschiedene Ereignisse Jobs definieren. Es ist empfehlenswert sich bei kritischen Logbucheinträgen direkt per Email informieren zu lassen. Neben dem Log von ASP.NET erstellt auch der IIS Logdateien. Diese finden sich unter „..\inetpubs\Logs\LogFiles". Da die Logs aufgrund der enormen Größe kaum zu überblicken sind, gibt es verschiedene Tools, um die Logs zu analysieren. Eines davon ist Indihiang 1.0 [12]. Mit Hilfe der Tools kann sowohl die Performanz als auch das Benutzerverhalten analysiert werden. Zum Beispiel können Statistiken über Ladezeiten oder Anfragen erstellt werden.

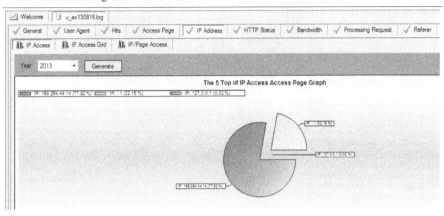

Figure 15: ISS Log Analyse

Trotz den guten Loggingmöglichkeiten von ASP.NET sollte man bei der Planung von Websites überlegen, ob es nicht noch weitere interessante Informationen gibt, die aktuelle Logs nicht hergeben. Dazu kann man seinen eigenen Log anlegen. Dies kann ebenfalls mit der Ereignisverwaltung von Windows realisiert werden. Die Abbildung oben zeigt den Logeintrag zum folgenden Quellcode:

```
System.Exception oops = Server.GetLastError();
        if (!EventLog.Exists("MyChat"))
            new EventLog("MyNewLog", ".", "MyChat").WriteEntry(
            new StringBuilder("App Error:").Append(oops.Message).ToString(),
            EventLogEntryType.Error);
```

manuellen Logeintrag erzeugen.

Reichen die einfachen Katalogeinträge nicht aus, weil man zum Beispiel auch die standard ASP.NET Log-Informationen haben möchte, kann man das Monitoring Healt Framework verwenden. Dieses erlaubt es dem Entwickler auf Grundlage eines bestehenden Events eigene Events zu definieren. Der übliche Weg dies zu tun, ist, von einem bestehenden Event zu erben: Die folgende Grafik veranschaulicht die Zusammenhänge der ASP.NET Events:

---

[12]http://indihiang.codeplex.com/

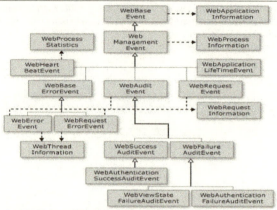

Quelle: "Übersicht über die ASP.NET-Systemüberwachung" (http://msdn.microsoft.com/de-de/library/bb398933%28v=vs.100%29.aspx)

Figure 16: Vererbungshierarchie

Das Framework erlaubt es nun, für jedes Event Jobs wie Email Benachrichtigung direkt in der web.config zu definieren. Dies ist vor allem dann hilfreich, wenn man die Fehlermeldung nicht in der Windows Ereignisanzeige sammeln möchte, sondern zentral auf einem Datenbankserver. Das folgende Beispiel zeigt wie man eines der bestehenden Events erweitern kann:

```
public class FailedLogonEvent : WebAuthenticationFailureAuditEvent
{
    public FailedLogonEvent(object source, string username)
        : base("Logon Fail", source,
               WebEventCodes.WebExtendedBase + 111, username)
    { }

    public override void FormatCustomEventDetails(WebEventFormatter formatter)
    {
        base.FormatCustomEventDetails(formatter);
        formatter.AppendLine("Achtung eigenes Event!");
    }
}
```
```
        new FailedLogonEvent(this, ((Login)(sender)).UserName).Raise();
```
Erweiterung des WebAuthenticationFailureAudit-Events

Wichtig ist, dass jedes Event eine eindeutige Nummer braucht. Ist dies erfüllt, wird das Event mit allen Informationen in der Windows Verwaltung abgelegt.

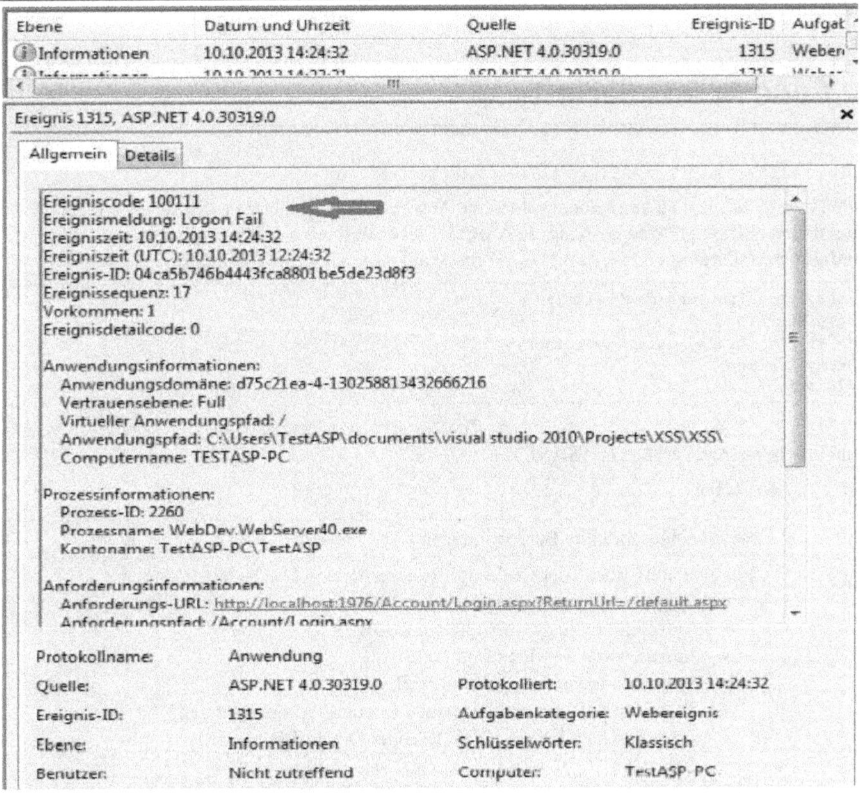

Ebene	Datum und Uhrzeit	Quelle	Ereignis-ID	Aufgat
Informationen	10.10.2013 14:24:32	ASP.NET 4.0.30319.0	1315	Weben
Informationen	10.10.2013 14:22:21	ASP.NET 4.0.30319.0	1315	Web...

Ereignis 1315, ASP.NET 4.0.30319.0   ✕

Allgemein | Details

```
Ereigniscode: 100111
Ereignismeldung: Logon Fail    ⟵
Ereigniszeit: 10.10.2013 14:24:32
Ereigniszeit (UTC): 10.10.2013 12:24:32
Ereignis-ID: 04ca5b746b4443fca8801be5de23d8f3
Ereignissequenz: 17
Vorkommen: 1
Ereignisdetailcode: 0

Anwendungsinformationen:
  Anwendungsdomäne: d75c21ea-4-130258813432666216
  Vertrauensebene: Full
  Virtueller Anwendungspfad: /
  Anwendungspfad: C:\Users\TestASP\documents\visual studio 2010\Projects\XSS\XSS\
  Computername: TESTASP-PC

Prozessinformationen:
  Prozess-ID: 2260
  Prozessname: WebDev.WebServer40.exe
  Kontoname: TestASP-PC\TestASP

Anforderungsinformationen:
  Anforderungs-URL: http://localhost:1976/Account/Login.aspx?ReturnUrl=/default.aspx
  Anforderungspfad: /Account/Login.aspx
```

Protokollname:	Anwendung		
Quelle:	ASP.NET 4.0.30319.0	Protokolliert:	10.10.2013 14:24:32
Ereignis-ID:	1315	Aufgabenkategorie:	Webereignis
Ebene:	Informationen	Schlüsselwörter:	Klassisch
Benutzer:	Nicht zutreffend	Computer:	TestASP-PC

Figure 17: Log

27

4 Code Access Security

Um unnötige Risiken zu vermeiden, sollte eine Anwendung im DotNet Framework nie mehr Funktionen aufrufen dürfen als nötig. In ASP.NET ist es deshalb möglich, ein „trustlevel" zu konfigurieren. Diese spezifiziert, was die Website auf dem Server machen darf.

```
<location allowOverride="false">
  <system.web>
    <trust level="Medium" originUrl="" />
  </system.web>
</location>
```

Fünf mögliche Level gibt es in ASP.NET

Table 2: Code Security

Full	Legt uneingeschränkte Berechtigungen fest
High	Gibt eine hohe Ebene der Codezugriffssicherheit an. Das bedeutet, dass die Anwendung die folgenden Vorgänge standardmäßig nicht ausführen kann: • Aufrufen von nicht verwaltetem Code. • Aufrufen von Serviced Components. • Schreiben in das Ereignisprotokoll. • Zugreifen auf Microsoft Message Queuing-Warteschlangen. • Zugreifen auf ODBC-, OLEDB- oder Oracle-Datenquellen.
Medium	Gibt eine mittlere Ebene der Codezugriffssicherheit an. Das bedeutet, dass die ASP.NET-Anwendung zusätzlich zu den Einschränkungen der Codezugriffssicherheitsebene High die folgenden Vorgänge standardmäßig nicht ausführen kann: • Zugreifen auf Dateien außerhalb des Anwendungsverzeichnisses. • Zugreifen auf die Registrierung. • Ausführen von Netzwerk- oder Webdienstaufrufen.
Low	Gibt eine niedrige Ebene der Codezugriffssicherheit an. Das bedeutet, dass die Anwendung zusätzlich zu den Einschränkungen der Codezugriffssicherheitsebene Medium die folgenden Vorgänge standardmäßig nicht ausführen kann: • Schreiben ins Dateisystem. • Rufen Sie die Assert-Methode auf.
Minimal	Gibt eine minimale Ebene der Codezugriffssicherheit an. Dies bedeutet, dass die Anwendung nur über Ausführungsberechtigungen verfügt.

Einfache Websites kommen mit der Berechtigung „Low" aus. In komplexeren Fällen kann man „Medium" wählen. Das heißt dann, dass die Website nicht außerhalb ihrer Verzeichnisse agieren kann und der Webserver besser geschützt ist. Werden einzelne Berechtigungen aus einem höheren Level gebraucht, ist es möglich ein eigenes „trustlevel" zu definieren. Dazu kann man sich die Konfigurationsdatei eines Standard Levels kopieren und um eigene Berechtigungen erweitern.[13]

---

[13]http://msdn.microsoft.com/de-de/library/wyts434y(v=vs.100).aspx

5 Statische Variablen

Statische Variable können in Websites verwendet werden. Im produktiven Einsatz ist davon allerdings abzuraten, da diese nicht Threadsafe sind. Verwendet der Entwickler statische Variable, so muss dieser selbst dafür sorgen, dass keine Deadlocks oder Race Condition auftreten. Eine Möglichkeit dies zu, ist der „lock"-Operator von C#. Generell sollten Informationen von statischen Variablen lieber in der Datenbank abgelegt werden. Das folgende Beispiel kann dazu führen, dass ein Benutzer den Account eines anderer Übernehmen zugewiesen bekommt.

```
private static Session _sess;
public static void DoSomething() {
    if (_sess == null) {
        _sess = HttpContext.Current.Session;
    }
    if (_sess != null) {
        // ...
    }
}
```

Vertauschung von Session Ids

Das Gleiche gilt auch für den „ApplicationState"[14].

---

[14]http://msdn.microsoft.com/en-us/library/ms178594.ASPX

6 Web API in *Forms* Websites

Ab Visual Studio 2010 und DotNet kann das Web Api Framework von Mircrosoft verwendet werden. Dies gilt auch für ASP.Net Forms Anwendungen. So kann man die Sicherheit seiner Website erhöhen, wenn man Ressourcen über die Web API bezieht. Dies ist besonders dann sinnvoll, wenn man die interne Struktur der Anwendung verschleiern will. So können zum Beispiel Bilder durch die Web Api verschickt werden. Dies hat den Vorteil, dass der Benutzer an keiner Stelle direkt auf die Bilder zugreifen muss und somit keine Informationen über den internen Aufbau der Web Site erhält. Außerdem kann der Programmiere besser Einfluss nehmen und zusätzlich Kontrollen einfügen. Das folgende Beispiel zeigt, wie ein Bild über die Web API verschickt werden kann. Bevor es verschickt wird, findet eine Autorisierung statt.

```
public HttpResponseMessage Get(string user)
{
    if (this.User.IsInRole("All"))
    {
        using (System.Drawing.Image img =
System.Drawing.Image.FromFile(System.Web.Hosting.HostingEnvironment.MapPath(new
StringBuilder("~/Bilder/").Append(user).Append(".jpg").ToString())))
        {
            MemoryStream ms = new MemoryStream();
            img.Save(ms, ImageFormat.Png);
            HttpResponseMessage response = new HttpResponseMessage(HttpStatusCode.OK);
            response.Content = new ByteArrayContent(ms.ToArray());
            response.Content.Headers.ContentType = new
System.Net.Http.Headers.MediaTypeHeaderValue("image/png");
            return response;
        }
    }
    return new HttpResponseMessage(HttpStatusCode.Forbidden);
}
```

Figure 18: Beispiel Bild

Gleiches lässt sich für alle Arten von Dokumenten implementieren. So lässt sich das Bild auch in Abhängigkeit des angemeldeten Benutzers variieren. Das folgende Beispiel zeigt eine Schnittstelle für Profilbilder, dabei Benutzen alle die gleiche URL, erhalten aber jeweils nur Ihr eigenes Profilbild.

```
        using (System.Drawing.Image img =
System.Drawing.Image.FromFile(System.Web.Hosting.HostingEnvironment.MapPath(new
StringBuilder("~/Bilder/").Append(this.User.Identity.Name).Append(".jpg").ToString())))
        {
            MemoryStream ms = new MemoryStream();
            img.Save(ms, ImageFormat.Png);
            HttpResponseMessage response = new HttpResponseMessage(HttpStatusCode.OK);
            response.Content = new ByteArrayContent(ms.ToArray());
            response.Content.Headers.ContentType = new
System.Net.Http.Headers.MediaTypeHeaderValue("image/png");
            return response;
        }
<img src='api/Products' /> <br />
```

7 CSRF bei Web Api, Update Panel, Ajax und co.

CSRF steht für Cross Site Request Forgery, bei diesem Angriff kann der Angreifer Services am Login vorbei nutzen. Dabei fälscht der Angreifer ein HTTP Packet und schickt dieses an eine ASPX Page. Dabei wird die Seite selbst nicht aufgerufen sondern nur eine bestimmte Funktion oder Web Api Schnittstelle angesprochen. Die ASPX Page verarbeitet dann den Aufruf normal, denn da der Angreifer nicht die Page selbst anfordert, wird keine Autorisierung durchgeführt. Der folgende Screenshot zeigt ein Packet das während einer gültigen Sitzung abgefangen wurde. Dieses Packet wurde erneut versendet nachdem der Benutzer die Sitzung beendet hat.

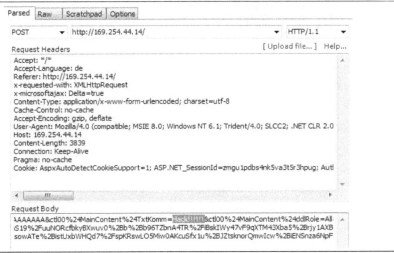

Figure 19: CSRF Angriff

Durch das erneute Senden des Paketes wird die Aktion die der Benutzer vorgenommen hat erneut vorgenommen. Der Angreifer kann so die Funktionen der Website unter falscher Identität nutzen. Zum Schutz vor CSRF bietet sich wieder an die Verbindung mittels SSL zu verschlüsseln(siehe SSL). Wenn das nicht geht, kann der Angriff durch das aktivieren vom ViewStateMac verhindert werden(siehe ViewState).

8 Security Tools

Tools, die die Sicherheit des IIS erhöhen oder den Quelltext überprüfen, sollten direkt von Microsoft bezogen werden. Viele Tools, die angeboten werden, wie zum Beispiel „IIS Lockdown Tool", sind für alte Versionen des IIS oder des DotNet Frameworks. Deswegen bietet Microsoft diese Tools nicht mehr zum Download an. Da dieses und weitere Microsoft Tools mit der Zeit überflüssig geworden sind, weil das Dot.Net Framework nachgerüstet wurde, sollte diese auch nicht aus Drittquellen bezogen und verwendet werden.

8.1 Websiteverwaltungs-Tool

In Visual Studio integriert ist ein Tool zur Verwaltung von Website-Einstellungen. Das Tool gliedert sich in drei Bereiche. Der erste ist Sicherheit, dort können die Benutzer und die Rollen verwaltet werden.

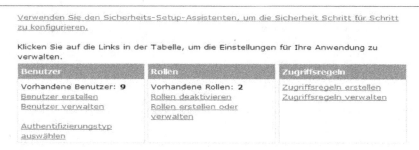

Figure 20: Rollenverwaltung von Visual Studio

Der zweite Bereich beschäftigt sich mit allgemeinen Einstellungen zur Website. Interessant ist die Möglichkeit die Ablaufverfolgung(stacktrace) zu konfigurieren.

Figure 21: Rollenverwaltung von Visual Studio 2

34

8.2 UrlScan 3.1

Das Tool legt einen Filter über die Anfragen, die der IIS bearbeitet. Es kann so gefährliche Anfragen herausfiltern.

8.3 Lens

Lens[15] ist ein Tool zum Test von ASP.NET Anwendungen auf bekannte Schwachstellen. Zur Zeit unterstützt Lens vier Tests „ViewState", „Session fixation", „Session hijacking" und „Padding oracle".

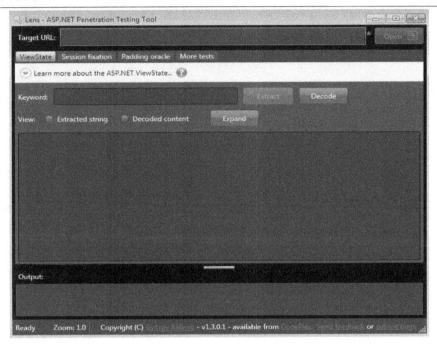

Figure 22: Lens

PEX

Pex[16] ist ein Programm, welches Unit Tests generiert. Dabei guckt es sich den Source an und erstellt Tests mit interessanten Werten wie zum Beispiel Grenzwerten. PEX ersetzt zwar nicht das schreiben eigener Unit Tests, kann als Ergänzung verwendet werden. Viele Fälle die unter Umständen nicht berücksichtigt oder vergessen werden können so abgefangen werden.

---

[15] http://ethicalhackingaspnet.codeplex.com/
[16] http://www.dotnetcurry.com/ShowArticle.aspx?ID=944

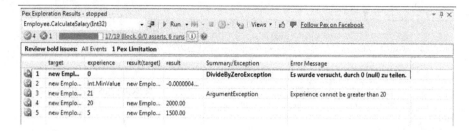

Figure 23: PEX

9 Pragmatische ASP.MVC Sicherheit

Neben ASP.NET Forms unterstützt das DotNet Framework eine ASP.NET Variante, die auf dem MVC Design Pattern beruht. Anders als bei ASP.Net Forms wurde ASP.NET MVC nach dem Prinzip "Convention over Configuration" entwickelt. Dies führt dazu, dass viele Features nicht mehr konfiguriert werden müssen, sondern automatisch ablaufen. Für die Sicherheit bedeutet das, dass der Entwickler aufpassen muss, welche Features aktiv sind. Im Prinzip verbergen sich aber hinter den Features die gleichen Elemente wie bei ASP.NET. Deswegen wird im Folgenden nur auf die von ASP.NET Forms verschiedenen Aspekte eingegangen. Für weitere Informationen siehe "Pragmatische ASP.NET Forms Sicherheit".

Quelle: „Aufbau von ASP.NET" (http://de.wikipedia.org/wiki/ASP.NET)

Figure 24: Inhalt des Dokuments . Blau(Pragmatische ASP.NET Forms Sicherheit), Gelb(Pragmatische ASP.MVC Sicherheit)[17]

9.1 Einleitung

Die im Folgenden beschriebenen Features von ASP.NET MVC beziehen sich auf die Version 4.5 von DotNet und die 4.0 von ASP.NET MVC.

Neben dem MVC Design Pattern wird auch die Aspekt Orientierung unterstützt. Dabei wird die Sicherheit als ein Aspekt der WebPage betrachtet. Damit dieser separate Aspekt sich nicht mit der Geschäftslogik vermischt und dies somit unnötig verkompliziert, wurden viele Features ausgelagert. Die ausgelagerten Features können dann über Attribute(Filter) oberhalb der einer Klasse oder Methode platziert werden.

9.2 Injektionen

Bei ASP.NET liegt jeder Ein- und Ausgabe eine Modellkasse zugrunde. In diesen Modellkassen sind die Informationen als Properties implementiert. Alle Einschränkungen und Validierungsaspekte für eine Property können im Model durch Filter direkt hinzugefügt werden. Die durchgeführte Konfiguration der Property wird dann bei der Verarbeitung der Daten beachtet. Somit braucht der Entwickler keine eigenen "ValidationControls" mehr schreiben. Stattdessen übernimmt das MVC Framework die serverseitige Validierung und die Razor Render Engine die clientseitige. Das folgende Beispiel zeigt die Klasse zum Registrieren eines Benutzers.

```
public class RegisterModel
{
```

---

[17] http://commons.wikimedia.org/wiki/File:ASP.NET_Stack.svg

1

```csharp
    [Required]
    [Display(Name = "Benutzername")]
    public string UserName { get; set; }

    [Required]
    [StringLength(100, ErrorMessage = "&quote{0}&quote muss mindestens {2} Zeichen
lang sein.", MinimumLength = 6)]
    [DataType(DataType.Password)]
    [Display(Name = "Kennwort")]
    public string Password { get; set; }

    [DataType(DataType.Password)]
    [Display(Name = "Kennwort bestätigen")]
    [Compare("Password", ErrorMessage = "Das Kennwort entspricht nicht dem
Bestätigungskennwort.")]
    public string ConfirmPassword { get; set; }
}
```

Mit Filtern dekorierte Properties in der Modellkasse

Anhand der Informationen, die in der Klasse hinterlegt sind, braucht die GUI diese Angaben nicht mehr. Deswegen kann die GUI sehr schlank implementiert werden.

```csharp
@using (Html.BeginForm()) {
    @Html.AntiForgeryToken()
    @Html.ValidationSummary()

    <fieldset>
        <legend>Registrierungsformular</legend>
        <ol>
            <li>
                @Html.LabelFor(m => m.UserName)
                @Html.TextBoxFor(m => m.UserName)
            </li>
            <li>
                @Html.LabelFor(m => m.Password)
                @Html.PasswordFor(m => m.Password)
            </li>
            <li>
                @Html.LabelFor(m => m.ConfirmPassword)
                @Html.PasswordFor(m => m.ConfirmPassword)
            </li>
        </ol>
        <input type="submit" value="Registrieren" />
    </fieldset>
}
```

View Klasse

Die Razor Engine löst die „zusätzlichen Angaben" in die HTML Bausteine auf und fügt clientseitige Validierung hinzu.

Die serverseitige Validierung erfolgt ebenfalls automatisch und kann im Kontroller abgefragt werden.

```csharp
    [HttpPost]
    [AllowAnonymous]
    [ValidateAntiForgeryToken]
    public ActionResult Register(RegisterModel model)
    {
```

```
        if (ModelState.IsValid)
        {
            // Versuch, den Benutzer zu registrieren
            try
            {
                WebSecurity.CreateUserAndAccount(model.UserName, model.Password);
                WebSecurity.Login(model.UserName, model.Password);
                return RedirectToAction("Index", "Home");
            }
            catch (MembershipCreateUserException e)
            {
                ModelState.AddModelError("", ErrorCodeToString(e.StatusCode));
            }
        }

        // Wurde dieser Punkt erreicht, ist ein Fehler aufgetreten; Formular
erneut anzeigen.
        return View(model);
    }
```

Kontroller Klasse

Durch das "IsValid" Attribute der "ModelState" Klasse kann überprüft werden ob die Klasse gültig ist. Gültig ist eine Modellklasse, wenn alle ihre Filter beachtet werden. Um ungewollte Eingaben in der Anwendung auszuschließen, muss der Entwickler nur die Modellklasse mit Sorgfalt designen. Dabei können die Informationen im Modell auch auf die Datenbank durchgedrückt werden. Die folgenden Zeilen zeigen ein Schlüssel-Filter in der Modellkasse.

```
        [Key]
        [DatabaseGeneratedAttribute(DatabaseGeneratedOption.Identity)]
        public int ID { get; set; }
```

Schlüssel Filter

Ebenfalls muss sich der Entwickler nicht mehr um das Encoding kümmern. Alle Informationen, die im Modell gespeichert sind, werden von der Razor Engine Kodiert in die HTML Page eingefügt.

Wie auch bei ASP.NET Forms greift bei gefährlichen Eingaben die "RequestValidation" ein. Diese kann nun nicht mehr über einen Pagetag deaktiviert werden. Allerdings kann im Modell das Feature für bestimmte Aktionen deaktiviert werden. So wird im Folgenden eine Property gezeigt, die HTML Tags enthalten darf.

```
        [AllowHtml]
        [Required]
        [Display(Name = "ChatMsg")]
        [StringLength(100, ErrorMessage = "&quote{0}&quote muss mindestens {2} Zeichen lang
sein.", MinimumLength = 1)]
        public string Message { get; set; }
```

Propertie mit HTML

Dabei stellt die Property erst einmal keine Bedrohung dar, da die HTML Tags durch die Razor Engine HTML codiert werden. Gefährlich wird es, wenn die Engine explizit dazu aufgefordert wird,   keine   Kodierung   zu   verwenden:

@Html.Raw(Model.Text)

---

static public IHtmlString SpeakEvil() {

3

```
    return new HtmlString("<script>...</script>");
}
```

Gefährliche Funktionen

Enthält die Modellklasse Properties, die nicht zur Anzeige kommen und deswegen auch nicht mitgeschickt werden sollten, so kann dies durch den Filter "[IgnoreDataMember]" gesehen werden. Beachtet werden muss dabei, dass es auch weitere Filter gibt, um das Anzeigen von Properties zu verhindern, zum Beispiel durch "[HiddenInput]". Diese lassen aber die Daten im Datenstrom. Ein Angreifer kann versuchen Informationen zu erlangen, indem er die http-Antworten auf Daten durchsucht, die zwar nicht angezeigt, aber trotzdem mit verschickt werden.

9.3 Authentifizierung

Die Authentifizierung und Autorisierung funktioniert ähnlich wie in ASP.NET Forms.

Möchte man die Menge von Usernames einschränken, bietet sich das folgende Attribut an:

```
[RegularExpression(@"^[a-zA-Z.\s]{1,100}$", ErrorMessage = "Ungültiger Name.")]
```

```
        @Html.LabelFor(m => m.UserName)
        @Html.TextBoxFor(m => m.UserName)
        @Html.ValidationMessageFor(m => m.UserName)
```
Validierung eines Benutzernamen.

Um bestimmte Seiten vor der Öffentlichkeit zu schützen, kann im Kontroller eingestellt werden, welche Seiten eine Autorisierung fordern. Wieder können diese Einstellungen über Filter erfolgen:

Table 3: Authorize

[Authorize]	Der Benutzer muss eingeloggt sein.
[Authorize(Roles = "Admin,Manager")]	Der Benutzer muss eingeloggt sein und die Rolle des Admins oder Manager haben.
[Authorize(Users = "user1,user2")]	Nur Benutzer „user1" oder „user2" ist autorisiert.
[Authorize(RequireOutgoing=false)]	Server anfragen nur von eingeloggten Benutzern. Der Server darf aber an alle senden. Nützlich bei SignalR Hubs.
[AllowAnonymous]	Keine Autorisierung nötig.

Bei der Entwickelung von Windows Authentifikations Anwendungen kann der Test Server(IIS Express) von Visual Studio diese unterstützen.

4

Figure 25: Windows Authentifizierung

Es ist wichtig die Authentifizierung gegen XSRF Angriffe abzusichern.

9.3.1 OpenID & Oauth

Neben den klassischen Methoden zu Authentifizierung werden auch OpenID und Open Authentication von Google, Facebook, Amazone und Microsoft unterstützt. In der Klasse "AuthConfig" können mit nur wenigen Zeilen Code zusätzliche Authentisierungs-Methoden aktiviert werden.

```
public static void RegisterAuth()
{
    OAuthWebSecurity.RegisterGoogleClient();
}
```

Sozial Authentication[18]

9.3.2 Claims

Zusammen mit Oauth wurden auch Claims eingeführt. Diese bieten eine alternative Implementierung der IPrincipal Schnittstelle an. Damit wird es möglich einen Benutzer aufgrund unterschiedlicher Behauptungen zu autorisieren. Während früher nur der Benutzername und das Passwort von Relevanz waren, können mit Claims alle Informationen, die zu Verfügung stehen, zur Autorisierung genutzt werden(z.b. Emails). Verwendet man Oauth um sich mit Facebook einzuloggen, sendet Facebook verschiedene Angaben zum Benutzer zurück. Alle Angaben können im Claim gespeichert werden. Unter anderem kann dadurch die Sicherheit verbessert werden, denn statt Benutzer anhand ihrer Rolle zu autorisieren können mit Claims zum Beispiel Emails oder letzter Login verwendet werden. Diese Art der Authentifizierung ist der realen Welt entnommen. Als Beispiel kann hier das Buchen eines Fluges betrachtet werden. Dabei bucht man den Flug online, und am Flughafen behauptet man die Person zu sein, die gebucht hat. Die Behauptung wird dabei durch den Personalausweis(Claims) belegt, welcher von einer dritten vertrauenswürdigen Stelle erstellt wurde. Der Flughafen führt die Authentisierung nicht selbst durch, sondern verifiziert nur den Personalausweis und autorisiert damit Personen für einen Flug.

---

[18]http://blogs.msdn.com/b/webdev/archive/2012/08/15/oauth-openid-support-for-webforms-mvc-and-webpages.aspx

```
var claims = new List<Claim>()
{
new Claim(ClaimTypes.Name, "badri"),
new Claim(ClaimTypes.Email, "badri@nowhere.com"),
new Claim(ClaimTypes.Role, "Admin")
};

var id = new ClaimsIdentity(claims, "Test");
var principal = new ClaimsPrincipal(new[] { id });
Thread.CurrentPrincipal = principal;
```
Claims

9.4 XSRF/CSRF Prevention in ASP.NET MVC

Um den Missbrauch der Session ID zu verhindern, hat Microsoft eine Möglichkeit eingebaut, solche Angriffe zu erkennen. Ein Angreifer kann den Login umgehen, indem er von einer anderen Website , die im Browser des Benutzers geöffnet ist, die Anfrage an die ASP.NET MVC Webpage schickt. In dem Fall schickt der Browser automatisch Informationen wie die Session ID mit. Der Angreifer führt somit eine Anfrage unter der Identität des Benutzers aus. Der Benutzer selbst bekommt davon nichts mit. Der folgende Befehl kann genutzt werden, um Daten ohne Benutzeraktion zu verschicken.

```
setTimeout(function(){ window.theForm.submit();}, 2000);
```
Automatisches Postback

Die AntiForgery Klasse generiert ein security Token, welches in die HTML Page eingebettet wird. Sendet der Browser ein HTTP-POST- an den Server, wird der Token automatische kontrolliert.

```
using (Html.BeginForm(@item.ID.ToString(), "Chat/Delete", FormMethod.Post))
{
@Html.AntiForgeryToken()
```
...

```
[ValidateAntiForgeryToken]
public ActionResult Login(LoginModel model, string returnUrl)
{...
```
AntiForgery Token[19]

9.5 SSL

In ASP.NET MVC gibt es einen Filter um SSL zu erzwingen.

```
[RequireHttps]
```


9.6 Json

Ähnlich wie auch die Web API kann der MVC Kontroller mit JSON auf Anfragen antworten. Dabei ist zu beachten, dass man nie GET dazu verwenden sollte. Ein Nachteil von GET ist, dass beim Caching die GET- Daten gespeichert und erneut geschickt werden. Das Problem dabei ist,

---

[19]http://www.asp.net/mvc/overview/security/xsrfcsrf-prevention-in-aspnet-mvc-and-web-pages

dass zwischengeschaltete Proxis veraltete oder manipulierte Daten auf GET -Anfragen schicken können. Unter Umständen ist es möglich, dass eine angreifende Website die GET- Anfrage startet, die Daten empfängt und manipuliert. Danach liegen die Daten im Browsercache und werden an die Zielwebseite weitergegeben.

```
public JsonResult UserTest()
{
    string[] test = new string[3]{ "Admin", "Peter", "test123"};

    return Json(test, JsonRequestBehavior.AllowGet);

}
```

unsichere Kontroller Methoden

Eine weitere Schwachstelle entsteht beim Senden von Daten an den Server. Der Server de-serialisiert aus dem HTTP Paket eine gültige Klasse. Dabei prüft der Server nicht, ob mehr Felder enthalten sind als gefordert. In dem folgenden Beispiel enthält die Klasse eine zusätzliche Property, die für die serverseitige Verarbeitung zuständig ist. Ein Angreifer kann diese Property in ein HTTP Paket einfügen und somit Einfluss auf das serverseitige Objekt nehmen. Verhindert werden kann das Verhalten, indem man explizit auf die dynamische Bindung Einfluss nimmt und serverseitige Properties von der Datenbindung ausschließt. Dies kann über zusätzliche Filter implementiert werden.

```
[Bind(Include="ID,...")]
[Bind(Exclude="Target")]
```

Explizite Datenbindung[20]

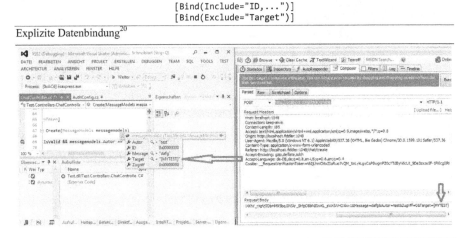

Figure 26: Manipulation eines HTTP POST Paketes

9.7 SignalR

Neu im DotNet Framework ist eine Technik, die sich SignalR nennt. Mit dieser Technik können Daten einfach zwischen verschiedenen aktiven Benutze Session verteilt werden. Als Basis dafür dient die Hub-Klasse, welche wie ein Netzwerkhub funktioniert. Sie nimmt Daten vom Clienten entgegen und kann diese an alle weiteren registrierten Clients verteilen. Welche Möglichkeiten diese Technologie mit sich bringt, soll das folgende Beispiel zeigen. Das Beispiel zeigt, dass ein

---

[20]http://msdn.microsoft.com/de-de/library/system.web.mvc.bindattribute(v=vs.108).aspx

Angreifer SignalR zur Überwachung von Benutzern nutzen kann. Dabei wird ein manipulierter Link verwendet. Wird der Link durch den Benutzer aufgerufen, wird ein Script vom Angreifer ausgeführt. Dieses Script schickt das DOM des Browsers über den SignalR Hub an den Browser des Angreifers. Dies wird bei jedem Javascript Event wiederholt. Im Browser des Angreifers wird nun jede Aktion des Benutzers live dargestellt. Dabei ist die Kommunikation bidirektional, das heißt, der Angreifer kann in Echtzeit in das Benutzerverhalten eingreifen.

```
$(
    function () {
        var chat = $.connection.chatHub;
        $.connection.hub.start().done(function () {
            $(document).on("click mousedown mouseup focus blur keydown change",
function (e) {
                chat.server.chat(document.documentElement.outerHTML);
            });
        });
    });
```

Javascript Code um Benutzer beim SignalR Hub anzumelden und DOM zu Verschicken.

SignalR erlaubt „n zu m"-Beziehungen.

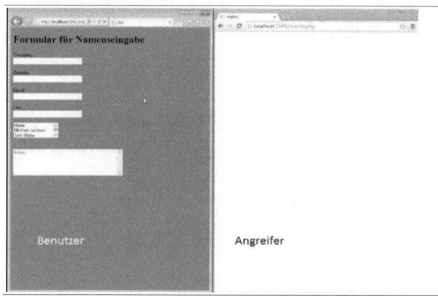

8

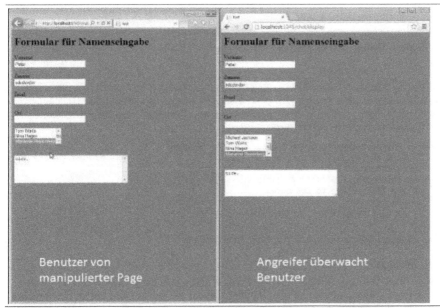

Figure 27:Angreifer nutzt XSS Schwachstelle um einen Benutzer mit SignalR über HTTP zu überwachen.

9.7.1 Authentifizierung

SignalR nutzt die verfügbaren Möglichkeiten zur Autorisierung von Benutzern. Wird SignalR in einem ASP.NET MVC Projekt genutzt, gilt die Authentifizierung über MVC auch für SignalR. Das folgende Beispiel zeigt eine Autorisierung in einem SignalR Hub.

```
public Task SendChatMessage(string message)
{
    string name;
    var user = Context.User;

    if (user.Identity.IsAuthenticated)
    {
        name = user.Identity.Name;
    }
    else
    {
        name = "anonymous";
    }
    return Clients.All.addMessageToPage(name, message);
}
```

Eine Mögliche Variante einer Autorisierung in einem SignalR Hub.[21]

Wird der Benutzer nicht explizit überprüft, muss der Entwickler die Verbindung zum Hub selbst schließen, wenn der Benutzer sich ausloggt. Dies kann entweder passieren, indem der Benutzer

---

[21]http://www.asp.net/signalr/overview/signalr-20/security/hub-authorization

auf eine andere Seite verwiesen wird nach dem Login oder mit folgender Codeziele.

```
chat.connection.stop();
```

Befehl zum Stoppen der SignalR Verbindung

9.7.2   Validation

Allgemeine Schutzmechanismen wie „RequestFilter" greifen auch bei SignalR. Allerdings sollte darauf geachtet werden, dass SignalR einen Tunnel zu anderen Benutzern öffnet. Durch diesen Tunnel kann auch gezielt Scriptcode geschickt werden. Deswegen muss beim Empfänger der Nachrichten die Nachricht codiert werden.

```
chat.client.addMessageToPage = function (name, message) {
    // Html encode display name and message.
    var encodedName = $('<div />').text(name).html();
    var encodedMsg = $('<div />').text(message).html();
    // Add the message to the page.
    $('#discussion').append('<li><strong>' + encodedName
        + '</strong>:  ' + encodedMsg + '</li>');
};
```

Kodierung von Benutzereingaben mittels der html-Methode.

9.8 Web API

Mit der Web API bietet Microsoft die Möglichkeit, Daten über die URL verfügbar zu machen. Dabei werden die Möglichkeiten des HTTP Protokolls ausgenutzt. So können verschiedene Methoden auf dem WebServer angesprochen werden. Welche Methode ein HTTP Paket adressiert, hängt von der URL und dem URL-Mapping ab. Eine häufige Möglichkeit die WebAPI zu nutzen ist die, mittels JavaScript dynamisch Webinhalte nachzuladen. Allerdings können alle Arten von Anwendungen diese Inhalte anfordern. Die Funktionsweise der Asp.NET Web API ist gleich mit der eines MVC Kontrollers. Programmatisch ist der Unterschied, dass der WebAPI Kontroller von „ApiController" erbt anstatt von „Controller". Dabei bietet der „ApiController" verbesserte Möglichkeiten auf das HTTP-Response-Paket einzuwirken. Ein einfaches Beispiel für einen WebAPI Kontroller ist das folgende:

```
public class ProductsController : ApiController
{
    Product[] products = new Product[]
    {
        new Product { Id = 1, Name = "Tomato Soup", Category = "Groceries", Price = 1
    },
        new Product { Id = 2, Name = "Yo-yo", Category = "Toys", Price = 3.75M },
        new Product { Id = 3, Name = "Hammer", Category = "Hardware", Price = 16.99M }
    };

    public IEnumerable<product> GetAllProducts()
    {
        return products;
    }

    public Product GetProductById(int id)
    {
        var product = products.FirstOrDefault((p) => p.Id == id);
        if (product == null)
        {
            throw new HttpResponseException(HttpStatusCode.NotFound);
```

```
        }
        return product;
    }

    public IEnumerable<product> GetProductsByCategory(string category)
    {
        return products.Where(p => string.Equals(p.Category, category,
            StringComparison.OrdinalIgnoreCase));
    }
}

static void Main(string[] args)
{
    var config = new HttpSelfHostConfiguration("http://localhost:8080");

    config.Routes.MapHttpRoute(
        "API Default", "api/{controller}/{id}",
        new { id = RouteParameter.Optional });

    using (HttpSelfHostServer server = new HttpSelfHostServer(config))
    {
        server.OpenAsync().Wait();
        Console.WriteLine("Press Enter to quit.");
        Console.ReadLine();
    }
}
```

Self-Hosting Asp.Net WebAPI Beispiel[22]

Wie im Beispiel zu sehen, ist die WebAPI nicht auf den Internet Information Server angewiesen, sondern kann in jeder beliebigen DotNet Anwendung eingesetzt werden. Die Sicherheit erbt die WebAPI von ihrer Umgebung, ähnlich wie SignalR. Im Folgenden werden einige ASP.net WebApi spezifische Sicherheitsaspekte aufgezeigt. Dabei ist die Sicherheit von der WebAPI eng mit der HTTP Protokoll-sicherheit verknüpft.

9.8.1   Web API Pipeline

Wird ein HTTP Paket an die Web API von ASP.NET geschickt, durchläuft es eine Pipeline, in der verschiedene Einstellungen vorgenommen werden. Die Pipeline ist im Folgenden abgebildet.

---

[22]http://www.codeproject.com/Articles/549152/Introduction-to-ASP-NET-Web-API

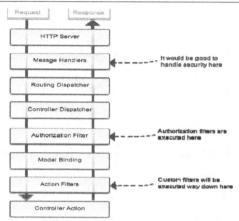

Quelle: „Cross Platform Authentication With ASP.NET Web API" (http://www.codeproject.com/Articles/630986/Cross-Platform-Authentication-With-ASP-NET-Web-API)

Figure 28: Filter Konzept[23]

Auffällig ist, dass der Authorisationsfilter recht weit unten im Filtermodell angebracht ist. Dadurch können Angreifer versuchen, Fehler auf den ersten vier Ebenen zu nutzen.

9.8.2   Authentifizierung in Web API

Ungeschickt ist es, dass bei Authentifizierungen, wie zum Beispiel Forms, mit einer Webpage auf ein „Request" geantwortet wird. Clients, die keine Browserunterstützung haben, können die gesendeten Daten nicht interpretieren. Verbessert werden kann die Authentifizierung, indem ein „MessageFilter" erstellt wird, welcher die Authentifizierung übernimmt. Dieser hat den Vorteil, sehr weit vorne in der Nachrichten Pipeline zu hängen und so nicht autorisierte Anfragen sehr früh zu erkennen. Des Weiteren kann der Entwickler selbst bestimmen, in welcher Form eine Antwort erfolgt. Das folgende Beispiel zeigt einen „MessageFilter", der eine Basic Authentifizierung durchführt.

```
public class AuthenticationHandler : DelegatingHandler
{
     private const string SCHEME = "Basic";
     protected async override System.Threading.Tasks.Task<HttpResponseMessage>
SendAsync(HttpRequestMessage request, System.Threading.CancellationToken
cancellationToken)
     {
          try
          {
               var headers = request.Headers;
               if (headers.Authorization != null &&
SCHEME.Equals(headers.Authorization.Scheme))
               {
                    Encoding encoding = Encoding.GetEncoding("iso-8859-1");
                    string cred =
encoding.GetString(Convert.FromBase64String(headers.Authorization.Parameter));
                    string[] parts = cred.Split(':');
```

---

[23]http://www.codeproject.com/Articles/630986/Cross-Platform-Authentication-With-ASP-NET-Web-API

```
                string userId = parts[0].Trim();
                string password = parts[1].Trim();

                if (password == „[true]")
                {
                    var claims = new List<Claim> {
                        new Claim(ClaimTypes.Name, userId),
                        new Claim(ClaimTypes.AuthenticationMethod, password)
                    };

                    var principal = new ClaimsPrincipal(new[] { new
ClaimsIdentity(claims, SCHEME) });
                        Thread.CurrentPrincipal = principal;

                        if (HttpContext.Current != null)
                            HttpContext.Current.User = principal;
                    }
                }

                var response = await base.SendAsync(request, cancellationToken);
                if (response.StatusCode == HttpStatusCode.Unauthorized)
                    response.Headers.WwwAuthenticate.Add(new
AuthenticationHeaderValue(SCHEME));

                    return response;
            }
            catch (Exception e)
            {
                var response = request.CreateResponse(HttpStatusCode.Unauthorized);
                response.Headers.WwwAuthenticate.Add(new
AuthenticationHeaderValue(SCHEME));

                    return response;
            }
        )
    }
    public static class WebApiConfig
    {
        public static void Register(HttpConfiguration config)
        {
            config.Routes.MapHttpRoute(
                name: "DefaultApi",
                routeTemplate: "api/{controller}/{id}",
                defaults: new { id = RouteParameter.Optional }
            );

            config.MessageHandlers.Add(new AuthenticationHandler());

        [Authorize]
        public string GetEmployees()
        {
            return this.User.Identity.Name;
        }
    }
```

MessageFilter Authentifikation

Der neue Filter prüft, ob ein Autorisierungspaket vorliegt. Ist dies der Fall, wird ein Claim erstellt und im Thread registriert. Auf die gleiche Art können auch weitere Verfahren zur

Autorisierung implementiert werden.

9.8.3 Firewalls umgehen

Das HTTP Protokoll bietet ein Flag, welches den Anfragetyp nachträglich ändern kann. So wird aus einer POST Anfrage zum Beispiel eine DELETE Anfrage mittels des „X-HTTP-Method-Override" Flags. Es ist möglich, diese Funktionalität auch in der Web API einzubauen, allerdings besteht dadurch die Gefahr, dass Schutzmechnissmen nicht korrekt arbeiten.

9.8.4 Caching Probleme

Wenn das Caching im HTTP Header aktiviert wird, wird die Antwort der WebAPI auf den Proxys zwischengespeichert.

```
var response = Request.CreateResponse<IEnumerable<Employee>>(HttpStatusCode.OK,
object);

response.Headers.CacheControl = new CacheControlHeaderValue()
{
MaxAge = TimeSpan.FromSeconds(10),
MustRevalidate = true,
Private = false
}
return response;
```

WebAPI & Caching

In dem obigen Beispiel wurde das Caching aktiviert. Da aber kein privates Caching eingestellt wird, speichert neben dem Browser auch die Webproxis die Daten. Andere Benutzer, die sich hinter dem gleichen Webproxy befinden, erhalten somit auch Daten, für die sie unter Umständen nicht autorisiert sind. Wird privates Caching aktiviert, speichert nur der Browser die Daten.

10 Literaturverzeichnis

[1]
J. Bock, P. Stromquist, T. Fischer, und N. Smith, *.NET Security*. 2002.

[2]
M. Burnett und J. Foster, *Hacking the Code*. 2004.

[3]
B. Lakshmiraghavan, *Pro ASP.NET Web API Security*. 2012.

[4]
„ASP.NET Application State Overview". [Online]. Verfügbar unter:
http://msdn.microsoft.com/en-us/library/ms178594.ASPX. [Zugegriffen: 12-Feb-2014].

[5]
„ASP.NET-Vertrauensebenen und Richtliniendateien". [Online]. Verfügbar unter:
http://msdn.microsoft.com/de-de/library/wyts434y(v=vs.100).aspx. [Zugegriffen: 12-Feb-2014].

[6]
„Authentication and Authorization for SignalR Hubs : The Official Microsoft ASP.NET Site".
[Online]. Verfügbar unter: http://www.asp.net/signalr/overview/signalr-20/security/hub-authorization. [Zugegriffen: 12-Feb-2014].

[7]
„BindAttribute-Klasse (System.Web.Mvc)". [Online]. Verfügbar unter:
http://msdn.microsoft.com/de-de/library/system.web.mvc.bindattribute(v=vs.108).aspx.
[Zugegriffen: 12-Feb-2014].

[8]
„Download Microsoft Anti-Cross Site Scripting Library V4.2 from Official Microsoft Download
Center". [Online]. Verfügbar unter: http://www.microsoft.com/en-us/download/details.aspx?id=28589. [Zugegriffen: 12-Feb-2014].

[9]
„Ethical Hacking ASP.NET - Home". [Online]. Verfügbar unter:
http://ethicalhackingaspnet.codeplex.com/. [Zugegriffen: 12-Feb-2014].

[10]
„File:ASP.NET Stack.svg - Wikimedia Commons". [Online]. Verfügbar unter:
http://commons.wikimedia.org/wiki/File:ASP.NET_Stack.svg. [Zugegriffen: 12-Feb-2014].

[11]
„HTML Codes - Table of ascii characters and symbols". [Online]. Verfügbar unter:
http://www.ascii.cl/htmlcodes.htm. [Zugegriffen: 12-Feb-2014].

[12]
„HTTP-Statuscode in IIS 7.0, IIS 7.5 und IIS 8.0". [Online]. Verfügbar unter:
http://support.microsoft.com/kb/943891. [Zugegriffen: 12-Feb-2014].

[13]
„Introduction to ASP.NET Web API - CodeProject" [Online]. Verfügbar unter:
http://www.codeproject.com/Articles/549152/Introduction-to-ASP-NET-Web-API.
[Zugegriffen: 12-Feb-2014].

[14]

„Microsoft Pex Framework and its new cousin Code Digger". [Online]. Verfügbar unter: http://www.dotnetcurry.com/showarticle.aspx?ID=944. [Zugegriffen: 12-Feb-2014].

[15]
„Microsoft Security Bulletin MS10-070 - Important : Vulnerability in ASP.NET Could Allow Information Disclosure (2418042)". [Online]. Verfügbar unter: http://technet.microsoft.com/en-ca/security/Bulletin/MS10-070. [Zugegriffen: 12-Feb-2014].

[16]
„OAuth/OpenID Support for WebForms, MVC and WebPages - .NET Web Development and Tools Blog - Site Home - MSDN Blogs". [Online]. Verfügbar unter: http://blogs.msdn.com/b/webdev/archive/2012/08/15/oauth-openid-support-for-webforms-mvc-and-webpages.aspx. [Zugegriffen: 12-Feb-2014].

[17]
„Padding oracle attacks: in depth» SkullSecurity". [Online]. Verfügbar unter: https://blog.skullsecurity.org/2013/padding-oracle-attacks-in-depth. [Zugegriffen: 12-Feb-2014].

[18]
„Request Validation in ASP.NET". [Online]. Verfügbar unter: http://msdn.microsoft.com/en-us/library/hh882339.aspx. [Zugegriffen: 12-Feb-2014].

[19]
„Rotem Bloom: Caught In A Web: HttpUtility.HtmlEncode and Server. HtmlEncode do not prevent Cross Site Scripting". [Online]. Verfügbar unter: http://caught-in-a-web.blogspot.de/2007/01/httputilityhtmlencode-and-server.html. [Zugegriffen: 12-Feb-2014].

[20]
„SHA1 Decrypter - SHA1 Decryption, Free SHA1 Decryptor, Online SHA1 Cracker, SHA1 Security". [Online]. Verfügbar unter: http://www.md5decrypter.co.uk/sha1-decrypt.aspx. [Zugegriffen: 12-Feb-2014].

[21]
„Understanding ASP.NET View State". [Online]. Verfügbar unter: http://msdn.microsoft.com/en-us/library/ms972976.aspx#viewstate_topic8. [Zugegriffen: 12-Feb-2014].

[22]
„Web Log Analyzer - Home". [Online]. Verfügbar unter: http://indihiang.codeplex.com/. [Zugegriffen: 12-Feb-2014].

[23]
„XSRF/CSRF Prevention in ASP.NET MVC and Web Pages : The Official Microsoft ASP.NET Site". [Online]. Verfügbar unter: http://www.asp.net/mvc/overview/security/xsrfcsrf-prevention-in-aspnet-mvc-and-web-pages. [Zugegriffen: 12-Feb-2014].

[24]
„Cross Platform Authentication With ASP.NET Web API - CodeProject". [Online]. Verfügbar unter: http://www.codeproject.com/Articles/630986/Cross-Platform-Authentication-With-ASP-NET-Web-API. [Zugegriffen: 12-Feb-2014].